ESPERANZA **FINANCIERA**

Estrategias financieras para mujeres inteligentes y divertidas.

EDITORIAL
SHANTI NILAYA

ESPERANZA FINANCIERA
D.R. © 2024 | Carlos Coral
1a edición, 2024 | Editorial Shanti Nilaya®
Diseño editorial: Editorial Shanti Nilaya®

ISBN | 978-1-966206-05-7
eBook ISBN | 978-1-966206-06-4

IG: @carloscoralfinanzas
FB: @Carlos Coral Finanzas
Tiktok: @ Carlos Coral Finanzas
YT: Carlos Coral Finanzas

*Todas las imágenes expuestas, son de uso ilustrativo por petición del autor

editorial.shantinilaya.life

ESPERANZA FINANCIERA

Estrategias financieras para mujeres inteligentes y divertidas.

CARLOS CORAL

EDITORIAL
SHANTI NILAYA

CONTENIDO

INTRODUCCIÓN

Hagamos que tu relación con el dinero sea una fiesta,

No un drama

DEDICATORIA:

Te dedico este libro a ti, mujer, que te esfuerzas cada día para salir adelante junto con los que amas.

Quizás no eres la mujer maravilla, pero sí una maravilla de mujer.

CAPÍTULO 1

"UBICATEX"

¿Cómo es tu relación actual con el dinero?

Si pudiéramos definir tu relación actual con el dinero, como si fuera una relación con otra persona, ¿cómo dirías que es actualmente?

- Tóxica
- De amigos
- Luna de miel en la que está todo bien lindo
- Relación a distancia
- Amo - Servidor
- A continuación, te las explico:

Relación tóxica:

Imagínate este diálogo entre tú y el dinero... Al final piensa si se parece a tu realidad:

Una relación llena de reclamos en la que tú le dices al dinero:

"Nunca estás cuando más te necesito".

"Me siento insegura de ti".

"No tengo la confianza de que mañana vas a estar aquí para mí".

El dinero te dice:

"Pues tú dices que ni soy tan importante".

"Dices que yo no te doy felicidad".

"Me cambias por cualquier burrada".

"No te preocupas por mi crecimiento".

Relación de amigos:

Se ayudan a crecer, se valoran, se entienden, se aconsejan, se acompañan, se corrigen y se dicen la verdad.

Relación luna de miel:

Tienen un futuro prometedor.

Se dedican tiempo. Todo está bien, todo está en orden, siempre hay suficiente, se dan lo que quieren y lo que les gusta, y en este momento sienten que son suficientes el uno para el otro. No necesitan nada más.

Ambos han conseguido lo que quieren.

Relación a distancia

Sólo se ven de lejos... Y quisieran volver a tenerse cerca. 😭

Relación amo - servidor:

El dinero puede ser tu mejor servidor, pero también puede ser tu peor amo.

-(Francis Bacon)

El dinero es tu servidor si tú decides a dónde se va y qué quieres que haga por ti.

El dinero es tu amo si tú te la pasas todo el tiempo trabajando para conseguirlo, si estás dispuesta a hacer cosas que no te gustan con tal de recibir dinero.

A ver, ponte en modo empoderada...

¿El dinero te controla a ti, o tú controlas el dinero?...

Ubícate, mi *ciela*. ¡Contrólalo!

Sigue leyendo y aquí te digo como.

Si terminas de leer este libro completito sabrás controlar el dinero, pero si dejas las cosas inconclusas, o sea, si no lo terminas de leer completo pues ¿qué te digo? No te puedo ayudar, si no te controlas a ti misma, menos vas a controlar el dinero. 🙄

TU HISTORIA CON EL DINERO:

Gran parte del por qué tu relación actual es así, tiene que ver con toda tu historia... desde tu niñez. Porque, así como aprendiste a hablar español, prácticamente sin darte cuenta, es muy probable que así también se incrustó en tu subconsciente un lenguaje de pobreza... con frases como es mejor ser "pobre pero honrado", "el dinero corrompe a las personas" o," tal vez Dios no quiere que yo sea rica".

Pero antes de hablar de esto, aclaro:

No conozco tu historia, pero probablemente tus papás te amaron y te dieron lo mejor que tenían... si no tenían educación financiera o si la relación que ellos tenían con el dinero no era del todo buena, es muy probable que eso te transmitieron a ti también. Así que no es tu culpa.

Y a ellos tampoco los culpes, ámalos y agradece todo lo que te dieron.

Por ahora, lo que sí está en tu control, es encontrar al "guía" que sí conecte contigo y que te impulse a encontrar la forma de lograr lo que quieres lograr, y al mismo tiempo te proteja para que no pierdas más dinero del que ya perdiste; y/o más grave, que no pierdas lo que podrías perder (patrimonio, salud, familia, relaciones) por no estar haciendo buen uso de tu dinero.

FALSOS GUÍAS

Ten cuidado, porque durante tu búsqueda de crecimiento personal y financiero y a lo largo del camino te vas a encontrar con los "falsos guías" como "Timón y Pumba" y si no te educas financieramente hablando, serás presa fácil para caer en sus engaños.

Para que se entienda lo que acabo de decir:

¿Viste la película "El Rey León"?

Resumen rápido, y qué tiene que ver contigo:

El protagonista es "Simba" quien nació para ser el héroe, para ser "El Rey" ... como tú, que eres hija de Dios, y estás llamada al heroísmo; tú debes ser "La Reina".

Simba fue engañado por el enemigo al punto de que decide huir de su lugar. Cuando se aleja, se encuentra con un par de falsos guías, Timón y Pumba. Ellos lo convencen de que el pasado ya no sirve de nada y que sin preocuparse es como hay que vivir... y entonces Simba se queda con ellos.

Y allá lo tienen "tragando gusanos", cuando él no nació para eso.

El nació para algo realmente grande, pero lo tienen ahí conformándose con tragar gusanos, agarrándole el saborcito "son viscosos pero muy sabrosos" y conformándose con lo que le ofrecen sus falsos guías.

Hasta se ve contento, cantando y bailando con ellos. De acuerdo con la trama de la película, es probable que ahí vivió muchos años.

Hasta que un buen día, llega su amiga Nala y es ella quien lo confronta.
Y si lo pudiéramos traducir al mexicano, probablemente Nala diría algo así como:

- ¿Por qué estás aquí, menso?
- ¿Por qué nos dejaste solos?
- ¿Por qué te conformas con estar tragando gusanos si tú estás llamado a disfrutar de los mejores platillos?
- Tu gente la está pasando mal, porque tú no estás haciendo lo que te toca...

Ahora vuelvo contigo:
Tú eres hija de Dios. Hija del rey, y estás llamada al heroísmo, a algo realmente grande.

- ¿Quién te engañó?
- ¿Quiénes son tus falsos guías?
- ¿Por qué estás así?
- ¿Quién te tiene conformándote con "comer gusanos" cuando tú estás llamada a disfrutar de los mejores platillos?
- ¿Quién es tu gente?
- ¿Quiénes son los que la están pasando mal, porque tú no te has decidido a enfrentar lo que te toca?... ¿tus hijos? ¿Tu familia? ¿Los que amas? ¿O solamente eres tú misma?

Ahora, déjame darte una caricia al corazón:

Si ahora tus resultados no reflejan tu potencial, no es tu culpa.

Tú también fuiste engañada.

Ahora perdónate, párate y pelea. La gloria es para ti. Quizá no has encontrado al guía que sí conecte contigo. Si todavía no tienes un guía, aquí estoy yo.

Aclaro algo importante: un buen guía no es el "buena onda", no. Un buen guia es "la persona correcta" para corregirte e impulsarte. Probablemente no siempre te guste lo que te diga un buen guía.

Así que ten en cuenta lo siguiente:
Nacer pobre no es tu culpa, pero morir pobre sí lo es.

Ahora ya estás lo suficientemente grande para tomar tus propias decisiones.

EJERCICIO PRÁCTICO

El ejercicio de las 5 creencias te va a ayudar mucho:

Piensa por un momento y anota por favor, 5 creencias que tienes acerca del dinero que te limitan:

Aquí tienes, sólo un par de ejemplos:

1.- "Tal vez, Dios no quiere que yo sea rica".

2.- "El dinero corrompe a las personas"

Desglosemos:

1.- "Tal vez, Dios no quiere que yo sea rica".

Amiga date cuenta y dite a ti misma:_

(Esta creencia me limita y le echa la culpa a Dios de mi pobreza).

2.- "El dinero corrompe a las personas"

(Esta creencia me limita porque me dice que el dinero es malo y me hará daño tener dinero).

Después, sustituye esas 5 creencias que te limitan, por 5 creencias que te dan el impulso que necesitas para crecer. Por ejemplo, aquí tienes las dos creencias que sustituyen a las dos anteriores:

1.- Dios me ama, Dios quiere verme bien, quiere verme feliz. Con un corazón lleno de él y también con riqueza material. Esa riqueza me exige más virtud y ya estoy trabajando en mí para lograrla.

(Esta creencia me impide justificar mi pobreza con Dios y más bien me dice en qué forma Dios sí quiere que yo sea rica).

2.- Necesito dinero para poder ayudar a más personas a superar sus dificultades.

(Esta creencia cambia la perspectiva de que el dinero es malo, por la de que con dinero puedo hacer más bien del que estoy haciendo ahora).

Haz tu lista de las 5 creencias, y las vas a leer en voz alta acompañando tu hablar con gesticulaciones y la mímica necesaria para que las digas con mayor intensidad durante 21 días naturales al despertar, después de haber dado gracias a Dios por el nuevo día en el que te permite estar viva, sana y libre.

Hay cosas que necesitamos desaprender... y si llevas muchos años creyendo que algo es verdad, (por ejemplo, tus creencias limitantes) el momento en que te das cuenta de que no es así, es muy doloroso, y es normal que haya resistencia. Pero no luches: es mejor desaprender lo que lleva muchos años obstaculizando tu crecimiento personal y financiero.

Vencer esas creencias no será fácil, no será cómodo, tal vez no se logre tan pronto, pero es un buen negocio iniciar tu proceso ya (21 días que inician hoy); el objetivo es que vivas más feliz de lo que estás ahora y financieramente estable.

Así que alimenta tu mente de creencias que te impulsan, de cosas que sí te sirven.

Por favor, escucha a la gente correcta.

Deja de obedecer a lo que te dicen los falsos guías como Timón y Pumba.

Escucha pódcast, ve videos, lee buenos libros (ya estás leyendo éste y te felicito). Estás invirtiendo en ti.

CAPÍTULO 2

CHUCHITA
(la que bolsearon)

VS.

MUJER MARAVILLA

En este capítulo, voy a resumir los errores más comunes vs. inteligencia financiera, aplicados en la vida real.

Para entenderlo más fácil, estoy utilizando dos personajes ficticios. Ya desde ahorita, te adelanto que los errores más comunes son los que están del lado de Chuchita, así que diviértete con la lectura, "critícala" y cuando leas lo que hace Chuchita, di algo así como, "No puede ser, qué equivocada está esa "Chuchita", y cuando leas lo que hace la mujer maravilla, dite a ti misma: "Claro", "eso es lo correcto", "yo lo sé", etc.

Y así, vamos a lograr dos cosas: te diviertes y le empiezas a decir a tu subconsciente lo que es correcto para ti, financieramente hablando, a partir de hoy.

Chuchita:

1.- No tiene claro qué quiere lograr.

2.- Cuando ve a una mujer con un carrazo piensa:

- Ha de tener un sugar daddy.
- Ha de ser la vieja de un narco.
- Corrupta.
- Ha de ser bien mamona.
- vieja alzada, presumida.

3.- Ella piensa que, para ganar mucho dinero, necesita trabajar mucho.

4.- Piensa que no se puede administrar porque sus ingresos son variables.

5.- No sabe cuánto gasta.

6.- Tiene muchas deudas (deudas estúpidas)
"Nótese cómo las estúpidas son las deudas, no ella". Ella sí puede cambiar, y la deuda estúpida va a seguir siendo una estúpida toda la vida. (Deuda estúpida es una deuda que la vas a usar para gastar y terminarás pagando tú, más de lo que te prestaron).

Mujer Maravilla

1.- Lo tiene claro y por escrito, con fecha de logro, y tiene un plan puesto en marcha para lograrlo.

2.- Cuando ve a una mujer con un carrazo piensa:

- Le está yendo bien, que bueno.
- Quizás es empresaria.
- ¿Qué puedo aprender de ella?

3.- Ella sabe que trabajar no es la única forma de ganar dinero. Puede ganar dinero haciendo negocios que atiende alguien más, o invirtiendo en donde ella sólo dedique poco tiempo, dejando que le dediquen tiempo los que saben; ella sólo se asesora.

4.- Aunque sus ingresos son variables, administra muy bien su dinero, ella le dice al dinero a dónde quiere que vaya y qué quiere que haga.

5.- Sabe cuánto y en qué gasta.

6.- Tiene muchas deudas (Deudas inteligentes). Son para hacer negocios[1] y ganar más dinero sin pagar más impuestos[2]

Te explico los números chiquitos...

1 | *Ejemplo ilustrativo fácil de entender:*

Encontró una oportunidad de negocio en el que necesita "deuda inteligente":

Tiene la oportunidad de adquirir un contenedor lleno de zapatos. Cada par de zapatos le cuesta 200 pesos, y por los contactos que tiene, ella sabe que puede vender cada par en 400 pesos y terminar de venderlos todos en un plazo máximo de 3 meses.

Para adquirir el contenedor necesita un millón de pesos y no lo tiene. Se lo va a pedir al banco. (Deuda inteligente).
El banco le va a prestar un millón, y en el tiempo pactado ella le pagará al banco en total 1, 300,000 pesos.
Habiendo vendido todos los zapatos ella cobra en total dos millones de pesos, menos un millón trescientos mil pesos que le pagará al banco le quedan 700 mil pesos de utilidad; todavía tiene margen. Supongamos que tuvo cien mil pesos de pérdidas, porque algunos tenían defecto, los regaló, o algo así.
Pese a todo, ella tiene una ganancia total de 600 mil pesos que logró en 3 meses. ¡Buen negocio!
Ella no puede tener acceso a esa ganancia si no utiliza la deuda inteligente.

Si te parece que es muy caro pagarle al banco 300 mil pesos de interés, ese no es el enfoque correcto, tranquila. Pon atención en esto y no te quejes de lo que cobra el banco: la pregunta correcta no es ¿cuánto me cuesta a mí adquirir ese crédito?

"Pinshi banco carero".

No, la pregunta correcta es: si recibo esa deuda de manera inteligente, ¿cuánto puedo ganar yo?... Y fruto de esa respuesta, ahí están 600 mil pesos de ganancias que no existirán sin deuda inteligente. Dicho sea de paso, por eso es importante empezar a generar ya un buen historial crediticio. Procura que tus ingresos sean comprobables y acepta tener tarjeta de crédito. No le tengas miedo al crédito, sólo necesitas aprender a saber usarlo a tu favor. Porque si no tienes ingresos comprobables, ni buen historial crediticio, nunca te van a prestar 1 millón de pesos para utilizarlo como una deuda inteligente.

2 | *El dinero que entre a tu cuenta fruto de tus ventas, tu empleo o tu negocio grava impuestos.*

El dinero que entra a tu cuenta y que es un préstamo (crédito), no grava impuestos.

... Ahora sí, sigamos

Chuchita:

7.- Interrumpió su vida laboral por el embarazo

8.- Se atendió en el IMSS

9.- Cobró su incapacidad

10.- Na´ más.

•
•
•
•
•
•
•
•
•
•
•
•
•
•
•
•
•
•
•
•

Así es, no hubo nada más...

Mujer Maravilla

7.- Interrumpió su vida laboral por el embarazo

8.- Se atendió en el IMSS

9.- Cobró su incapacidad

10.- Le pagaron 40 mil pesos por estar embarazada, porque tiene contratado un seguro de gastos médicos mayores que le da dinero por estar embarazada.*

** Ese instrumento financiero es real, y lo puedes encontrar en varias aseguradoras en México.*

Además, ese es un beneficio exclusivo para la mujer. Al hombre no le van a dar ni un peso por haber embarazado a su mujer, así que aquí tienes esa ventaja; presúmela y aprovéchala.

Importante: No a todas las que tienen póliza de gastos médicos mayores les darán 40 mil pesos por estar embarazadas. Aquí detallo dos cosas:

> 1.- No todas las pólizas le pagan a la mujer por estar embarazada. Algunas le hacen el pago directo al hospital en el que se va a atender para dar a luz a su bebé, si se atiende en el IMSS no le pagan nada a la mujer.

Y esas pólizas también son muy buenas, porque de cualquier forma está cubierta la mamá y también el bebé, para que ante cualquier complicación puedan atenderse en un buen hospital particular.

2.- En las pólizas que sí tienen ese beneficio que se llama "pago indemnizatorio por embarazo", la cantidad que les den depende de cómo haya sido configurada su póliza (podría ser menos o más de 40 mil) y que sí cumplas con el "periodo de espera".

Atención con esto: Las complicaciones del embarazo y el nacimiento de tu bebé estarán cubiertos por tu aseguradora a partir de los 10 meses de iniciada la vigencia de tu póliza. Así que, por favor, sé precavida, planéalo.
En condiciones normales, digamos que tu bebé nacería a los 9 meses de gestación, pero ¿y si hay complicaciones que requieren atención médica costosa en los primeros meses? ¿Y si tu bebé es sietemesino? Entonces, contrata tu póliza y espérate, no quieras embarazarte de inmediato. Toma en cuenta que la aseguradora no cubrirá nada relacionado con tu embarazo si no han transcurrido 10 meses. ¿Sí se entiende?

SEGUNDO ROUND

Chuchita:

11.- Le angustia pensar en su vejez y responder de dónde va a obtener dinero para esa etapa y prefiere evadir el tema diciendo cosas como "Dios proveerá", "ya les tocará a mis hijos ayudarme", "yo voy a trabajar toda mi vida", "ya descansaré cuando me muera".

12.- Necesita a su marido*.

*En Aguascalientes, tengo una amiga que aprecio mucho. Ella me contó que sus amigas de la secundaria se siguen reuniendo 20 años después (qué hermosa amistad). Una de ellas estaba batallando mucho con el marido, al punto en que las demás le dijeron: ¡Güey ya! déjalo, no quiere. No te respeta, no te valora, mejor déjalo. Y ella contestó:

- "No puedo. No lo dejo porque no puedo. Si yo me voy, necesito sacar a los niños de ese colegio, vamos a tener que rentar una casa más pequeña y en otra zona, nuestro estilo de vida cambiaría muchísimo, porque ni de broma me conseguiría un trabajo que me pague lo que él nos da. Por eso no lo dejo, porque no puedo..."

Silencio incómodo. Imagínate.

Sus amigas la quieren mucho, pero ninguna de ellas le puede dar la lana para que deje de sentir que necesita a quien la está maltratando.

Visto de otra forma, ella no necesita a quien la maltrata, lo que siente que necesita es el dinero que le da su maltratador.

Ella soporta lo que no le gusta, por dinero...

-

¿Te fijas en qué forma el dinero puede ser tu peor amo?

-

O sea, ella tiene una relación con el dinero de amo-servidor, como lo vimos en el primer capítulo, ¿te acuerdas?

Pero no la culpo, no sé qué pasó en su historia de vida, no sé qué información le metieron en su mente...

No estoy aquí para juzgar a nadie. Ojalá que pronto estén bien, ella y sus niños.

Y a su maltratador muy probablemente también le hicieron daño.

Con base en esta historia, quiero decirte un par de cosas, que son totalmente mi opinión como asesor financiero, yo no soy terapeuta:

Primera:

Si todavía no te casas, ten en cuenta que el tema del uso del dinero es importantísimo y determinante hasta para el nivel de felicidad que vas a vivir en tu matrimonio. Por favor, antes de casarte habla de dinero con tu futuro esposo, hagan acuerdos. Procuren a toda costa mantener cierta independencia económica uno del otro, para que se queden y se disfruten porque se aman, sin necesitarse económicamente hablando.

No estoy diciendo que se oculten cuánto ganan o cuánto deben, no. Eso nunca lo recomiendo, me parece totalmente un error no tenerle confianza a tu espos@ acerca de tus ingresos, tus deudas, tus compromisos y tus gastos.

Creo que en el matrimonio también es importante que mi pareja conozca cuando me está yendo extraordinariamente bien, para que se alegre conmigo y festejemos los dos.

También quiero compartir con mi pareja cuando las cosas no andan bien, cuando nada salió como yo esperaba, para que me acompañe, me cobije, me ayude a recobrar la confianza en mí, y sentirme fortalecido con su compañía.

Entonces, no me refiero a que se oculten las cosas. Me refiero a que tú tengas tus ahorros y tus inversiones, y él también.

Sí, tengan una cuenta en común con sus finanzas familiares, pero las finanzas de cada uno son necesarias.

Cada uno tenga su "plan personal de retiro"; conviene por todos lados. Lo hacen deducible de impuestos, generas rendimientos tú, y rendimientos tu pareja, les mantiene su independencia financiera desde ahorita hasta la etapa de adulto mayor y, además, ¡ES INEMBARGABLE!

Hablaremos de esos planes en el capítulo 8.

Segunda:

Ésta me incomoda mucho decírtela y sé que en algunos matrimonios podría generar muchos conflictos, piénsalo y toma tu decisión si quieres hacerlo. Si crees que eso les genera mucho conflicto, vayan a terapia y abórdenlo de la mano de un profesional terapeuta de pareja.

Si ya te casaste y eres ama de casa, también llega a un acuerdo con tu esposo. Es importante que de lo mismo que él te da, reserves algo para ti. Tu propio fondo de tranquilidad (hablaremos de éste en el capítulo 9); lo ideal es que lo hagas de común acuerdo con él, pero si no lo acepta, perdóname, de todas formas, hazlo.

Si tú estás bien, es más fácil que tus hijos también lo estén. Como en el avión: "Primero te pones tú la mascarilla de oxígeno y después se la pones a tus niños". Porque si tú no estás bien, tus niños no tendrán los recursos para mantenerse bien. Ellos te necesitan bien a ti para que puedas ayudarles, sólo que son pequeños y todavía no tienen la madurez para pedírtelo así.

13.- Si por algún "accidente horrible" o por alguna "enfermedad horrible" pierde la capacidad de levantarse a trabajar todos los días, es decir, (si pierde la salud) * ella deja de ganar dinero justo en el momento en que más lo necesita. Porque necesitará atención médica de calidad, medicamentos, terapias de rehabilitación, atención psicológica, etc. Y ya no puede ejercer su trabajo. Imagínate su crisis financiera y emocional.

14.- Si ella muere, sus niños, no sólo la perderán a ella, perderán también el sustento que ella les da. El dinero que les da para comer, vestir, ir al colegio, etc. Y en ese caso, los niños no sólo la van a extrañar, la seguirán necesitando y ellos no sabrán qué hacer y no es su culpa; ellos no tienen los recursos, las herramientas ni las condiciones para ir a trabajar y ganar lo que su mamá ganaba.

Entonces, además del dolor de su partida, les caerá encima un problemón económico. Probablemente tengan que salir de ese colegio y dejarán de ver a sus amigos también.

15.- Le da miedo enfermarse, porque si tiene una enfermedad muy costosa, urgente de atender, la atención en el IMSS no siempre es oportuna, no siempre hay el equipo y los medicamentos necesarios. Si no la pueden atender pronto o no la atienden bien, ella no tiene la capacidad de ir a atenderse en un buen hospital particular.

Ella sólo tendría estas cuatro opciones:

> 1.- Malbaratar sus bienes (Porque necesita el dinero rápido).
>
> 2.- Endeudarse.
>
> 3.- Pedir caridad.
>
> 4.- Resignarse a morir.

16.- Tiene una sola fuente de ingresos. (Igual que la mayoría de las personas)

Mujer Maravilla

11.- Acerca de su vejez. Ya tiene un plan puesto en marcha. Más bien está pensando, ¿con quién lo voy a compartir?

12.- Se queda con su marido porque lo ama, no porque lo necesita.

13.- Si pierde la capacidad de levantarse a trabajar todos los días*, (si pierde la salud), ella sigue ganando el mismo dinero que ahora gana, y ahora tendrá ese ingreso de por vida. Así que ella podrá enfocarse en atender su salud y su estabilidad emocional, ya que el dinero no es problema.

**Estamos hablando de un caso en el que haya un dictamen médico en el cual sea diagnosticada con incapacidad total y permanente. (Invalidez)*

14.- Si ella muere, sus niños la van a extrañar mucho. Pero no dejarán de recibir el sustento que ella les da. El dinero que les da para comer, vestir, ir al colegio, etc.

No digo que tengan la vida resuelta, no. Es que sus niños tienen muchas más opciones para salir adelante, y que para ellos será más fácil tomar decisiones, porque el dinero no es problema.

(En el capítulo 5 te digo cómo lo resolvió).

15.- Es muy probable que a ella también le da miedo enfermarse, pero, aunque le suceda algo tan costoso como el caso más caro de COVID en México que rebasó los 50 Millones de pesos[3], ella se puede atender en un buen hospital, con el mejor equipo médico y con buenos doctores; en ese caso que cuesta más de 50 Millones de pesos (MXN), ella sólo pagaría 96 mil pesos (MXN) aproximadamente[4].

Todo lo demás lo pagará su compañía aseguradora. Así que ella puede enfocarse en recuperar su salud sin preocuparse por la cuenta.

"Es mejor tener un seguro, que tener mucho dinero" [5]

3 | *Fuente de información: https://www.elfinanciero.com.mx/nacional/2021/10/28/caso-de-hospitalizacion-por-covid-mas-caro-en-mexico-llega-a-525-mdp/*

4 | *Esa cantidad aproximada es la que resulta de lo que ella debe pagar por conceptos de deducible y de coaseguro.*

5 | *Frase de Roberto Carpio, quien venció la lucha contra el cáncer, que suele ser una lucha muy dolorosa y costosa en dinero. Él es el autor del Best Seller: "DEL DOLOR AL AMOR" en el que narra su historia.*

16.- Tiene 7 fuentes de ingresos. Pero no lo hizo rápido. Ella se encargó de abrir una fuente de ingresos nueva cada año. Y sigue aprendiendo, sigue capacitándose, lee buenos libros, sigue creciendo, se asesora, invierte tiempo y dinero en sí misma, en su propio crecimiento personal y financiero, por eso les paga a mentores, asiste a cursos, talleres y conferencias, etc.

Si ella no hiciera todo eso, no tendría la posición financiera que tiene ahora.

Primero se siembra la semilla y luego se cosecha.

Conclusión:

No te preocupes, si ahorita, en la mayoría de las 16 diferencias te identificaste más con Chuchita. Te prometo que, si haces lo correcto, pronto vas a estar del otro lado. Yo te ayudo a lograrlo. Déjame ser parte de tu equipo.

Por favor, no te compares y no te menosprecies. Valida tus avances. Simplemente, en el punto número 16, claramente se ve que tú y la mujer maravilla ya tienen algo en común, porque ella también lee buenos libros, y tú estás leyendo un buen libro ahora mismo; ¿lo ves? ya empezaste a cambiar tu vida para bien.

Date un abrazo. ¡Te felicito!

También podemos deducir que la mujer maravilla empezó por lo menos hace 7 años (porque tiene 7 fuentes de ingresos y aperturó una nueva cada año). Tú también ya llevas un avance, y no sé qué tan avanzada estás en tu crecimiento personal y financiero, pero me queda claro que por lo menos iniciaste en el momento en que decidiste comprar este libro y empezar a leerlo.

Y vámonos aún más lejos. No sólo lo vas a leer, vas a empezar a poner en práctica tus aprendizajes de aquí, ¿correcto?

Quiero pedirte un favor:

Cuéntanos en redes sociales, qué de lo que en este libro aprendiste ya estás llevando a la práctica y cómo te está yendo. Para que seas tú también, una fuente de inspiración para alguien más. Eso nos ayuda a todos, ojalá todos los días conozcamos más casos de éxito como el tuyo. Así que etiquétame contándonos tu historia de éxito, me encuentras como Carlos Coral Finanzas. Hay que encender el corazón de más mujeres como tú que quieren conquistar sus sueños. Y tengamos en cuenta que:

Es imposible encender el corazón de alguien más, si no traes el tuyo ardiendo.

(San Agustín de Hipona)

Así que ¡Vamos a hacer que suceda!

CAPÍTULO 3

Y SI NO TENGO SUFICIENTE DINERO... ¿CÓMO LE HAGO?

Aunque tengas que cambiar de actividad o de profesión. Disfrútalo y sé feliz.

La primera vez que yo me subí a un taxi que iba manejando una mujer, fue en Aguascalientes... Era una mujer de aproximadamente 40 años, (yo tenía 18 años y estaba en Aguascalientes porque estaba haciendo prueba en Necaxa para jugar futbol profesional) ... Durante el trayecto me dijo: "yo nunca había trabajado, ni de soltera ni de casada. Pero después de haber sufrido cosas muy desagradables en mi matrimonio, decidí que no podía seguir ahí..."
"Y aunque nunca había trabajado, me pregunté:
¿Qué sé hacer yo?
¿Qué puedo hacer yo para ganar dinero sin perder la dignidad?"

... y entonces se respondió:
Sé manejar y sé cocinar.

Así que por eso estaba manejando un taxi y como era buenísima para cocinar, preparaba unos frijolitos especiales deliciosos y los distribuía en las tiendas alrededor de su casa.

Entonces, una mujer que nunca había trabajado, de pronto, ya tenía dos fuentes de ingresos. Solamente con **hacerse las preguntas correctas.**

Respóndete por favor, (en primera persona) para ti misma estas preguntas:

¿Qué sé hacer yo?

____

____

____

____

____

¿Qué puedo hacer yo, para ganar dinero sin perder la dignidad?

____

____

____

____

____

Ahora... ten en cuenta lo siguiente:

Tomar algo para escribir en estas líneas es fácil. Ese es sólo el primer paso y sé que, aunque es algo fácil, no todas lo van a hacer...

¿Tú de cuáles eres?

¿De las que sí toman acción?

¿O de las que se pasan de largo sin poner en práctica lo que aprendieron en un libro?...

Si no escribiste tus respuestas. Pausa tu lectura, regrésate y escribe.

¿O hasta cuándo vas a dejar de postergar encontrar la forma de ganar más dinero?

Bueno, tomar algo y escribir es fácil.
Tomar acción para llevarlo a cabo, quizás no sea tan fácil.

Volviendo al caso de esta mujer de Aguascalientes, que soy su fan sin que ella lo sepa. Seguramente no fue fácil, no estoy seguro de cuantas tiendas tuvo que visitar, no sé cuántos tenderos no aceptaron su propuesta, no sé cuánta devolución tuvo de sus frijolitos (porque son perecederos) ... tampoco sé si a la primera le dieron acceso a un taxi que ella podía manejar para ganar dinero, o si también ahí fue rechazada varias veces. Seguramente enfrentó dificultades y se las ingenió para superarlas... ¿ves? Soy su fan.

Mira, hay muchas personas que dicen que quieren ganar más dinero, pero no hacen nada para lograrlo.

Ponte en marcha.
Si lo intentas y fallas, te felicito.
La mayoría de quienes lean este libro, ni siquiera lo van a intentar. ¿Tú de cuáles eres?

Si eres de quienes se ponen en acción, me encantaría que me cuentes como te fue desde que decidiste hacer algo para ganar más dinero sin perder la dignidad.

Dime qué dificultades enfrentaste y cómo las superaste... yo también quiero aprender de ti.

CAPÍTULO 4

DESAFÍOS ESPECÍFICOS QUE ENFRENTA UNA MUJER EN EL ÁMBITO FINANCIERO Y CÓMO PUEDE SUPERARLOS SIN ESTRÉS Y SIN ANGUSTIA, CON ESTRATEGIAS FINANCIERAS INTELIGENTES:

Puedo controlar mis acciones y decisiones, pero no puedo controlar las acciones de alguien más.

A continuación, enlisto 6 desafíos.
Probablemente tú tienes en mente algún otro que aquí no está.
He elegido estos porque creo que estos sí están en tu control.[6]

1.- Algunas creen que no pueden ser financieramente independientes.
2.- Viven más tiempo que el hombre.
3.- Tienen más riesgos.
4.- Relaciones (noviazgo y matrimonio) por necesidad y no por amor.
5.- Interrumpen su vida laboral.
6.- Aman tanto a sus hijos, que quieren que sus hijos estén bien y logren sus sueños, con ellas, sin ellas o a pesar de ellas.

CÓMO SUPERARLOS SIN ESTRÉS, SIN ANGUSTIA... CON ESTRATEGIAS FINANCIERAS INTELIGENTES:

1.- Algunas creen que no pueden:

Y no las culpo.
Quizás eso les enseñaron, eso les hicieron creer.

Si tú te identificas con éste, sigue leyendo. Si no, pásate al segundo desafío.

Para resolverlo es todo un proceso de "desaprendizaje"...
¿Cómo lo vamos a lograr?

Esto es lo primero que vas a hacer:
Sé bien consciente de que **es importantísimo lo que dejas entrar a tu mente.**
Lo que ves, lo que escuchas, lo que haces, de quién te rodeas...
Porque aquello que piensas, dices y haces, es en quien te conviertes.
Y si tú te quieres convertir en <u>una mujer financieramente independiente,</u> es muy necesario que empieces a escuchar a quienes te digan de qué manera sí puedes lograrlo.
Escuchando a la gente correcta.
Tu contexto es importantísimo.

Porque tus finanzas y tus emociones se conectan.

Dime tú, ¿qué es lo que más te inspira?

- ¿Tu libertad?
- ¿Los viajes que quieres hacer?
- ¿Tus hijos?
- ¿Tu familia?
- ¿El deseo de no volver a estar tan mal como estuviste?...

Elige tu principal fuente de inspiración y vamos por ello...

Tus emociones y tus finanzas se conectan.

Encárgate de tus emociones, atiéndete. Ve a terapia y yo te ayudo con las finanzas y te lo prometo, que al final de este año, estarás mejor de lo que estás ahora.

¿Cómo sería tu vida si decidieras iniciar hoy?

Empieza ya a escuchar a la gente correcta... por cierto, te felicito porque estás leyendo este libro. Has tomado una excelente decisión al hacerlo, porque estás invirtiendo tiempo y dinero en tu propio crecimiento personal y financiero.

Poniéndole atención a tus emociones y a tus finanzas lo logramos porque lo logramos... yo te ayudo a lograr lo que es más importante para ti.

Antes de pasar al segundo desafío, date un abrazo...

Y yo te mando otro también, ánimo. Vas a estar mejor.

2.- Viven más tiempo:

Estadísticamente la mujer vive más tiempo que el hombre... [7]

Muchas que hoy son viudas pobres, no eran pobres... vivían muy bien, pero cuando falleció su esposo, que era su única fuente de ingresos también, la vida cambió y conocieron la pobreza.

Esto puedes resolverlo contratando tus planes personales para el retiro; en el capítulo 8 entraremos más a profundidad en ese tema.

Ojalá que nunca pases por un divorcio terrible, de esos en los que se agarran de la greña y se quieren dejar en la calle el uno al otro. Pero, debes saber que, aunque eso tan desagradable llegara a suceder, el dinero que coloques en estos planes

¡ES INEMBARGABLE![8]

3.- Tienen más riesgos:

A. Embarazo
   Durante el embarazo tienen un mayor riesgo de hipertensión arterial, diabetes gestacional, preeclampsia, etc.
B. La lactancia descalcifica[9]
C. Todos los padecimientos ginecológicos que el hombre no tiene y no tendrá nunca.
D. Generalmente, la mujer tiene menor fortaleza física que el hombre y ese es también un factor de riesgo que la hace más vulnerable.

Para mitigar estos riesgos, se necesita dinero, pero no precisamente necesitas ser millonaria. Los podemos resolver con instrumentos financieros, por ejemplo, un Seguro de Gastos Médicos Mayores. En el capítulo 5 te digo cómo funciona.

6 | *Para los desafíos financieros que enfrenta una mujer y que no están en tu control porque no dependen de ti, ni de mí, sino más bien de nuestros legisladores, lo que te recomiendo es: identificar quién es el diputad@ que te representa en el congreso y expresarle qué te gustaría que legisle por ti y por las demás mujeres... Es más, dile: yo voté por ti, ahora me cumples jejeje.*

7 | *Población. Esperanza de vida (inegi.org.mx)*

8 | *Artículo 180 Ley de contratos de seguros https://www.diputados.gob.mx/LeyesBiblio/pdf/211.pdf*

Y código Federal de procedimientos civiles, capítulo VI, artículo 434, fracción XIII https://www.diputados.gob.mx/LeyesBiblio/pdf_mov/Codigo_Federal_de_Procedimientos_Civiles.pdf

9 | *Embarazo, lactancia y salud de los huesos | NIAMS (nih.gov)*

4.- Relaciones por necesidad y no por amor.

Por ejemplo, el caso que platicamos en la página **32**.

Recuerda que la propuesta no es que no tengas pareja, no. La propuesta es que si tienes pareja la tengas por amor. Porque te sientes amada, acompañada, escuchada, fortalecida y tú estás dispuesta a dar lo mismo de regreso. Cuando se hacen fuertes el uno al otro y se acompañan, esa es la verdadera vida en pareja. Entonces, como están haciendo equipo, de cierto modo se necesitan porque se ayudan.

Pero es diferente el decir: te necesito para que lo logremos juntos, que decir te necesito, porque sin ti viviría yo muy mal... y ahí es donde se empieza a viciar la relación.

Así que, si vas a tener pareja, mejor que sea por amor y no por necesidad.

5.- INTERRUMPEN SU VIDA LABORAL:

Esto casi siempre es por el embarazo y por ejercer una maternidad amorosa, presente, responsable. Y eso está muy bien.

Te felicito si estás decidiendo dedicarles más tiempo a tus hijos que a tu trabajo.

En este caso tengo algo importante que decirte:

Eso de ser mamá y ama de casa es toda una misión. Y la meta es el cielo, para ti y para tus niños. Eso de ser mamá y ama de casa, no siempre es bien valorado, a veces ni siquiera por la misma familia, o por la misma "mami" que lo ejerce...

Te recomiendo el libro "Madre Educadora" de Eduardo Pavannetti, es una caricia al corazón, para que tú misma aprecies qué importante es lo que estás haciendo con tus hijos...
¿Te interesa? Ahorita mismo agéndate qué día lo compras y lo empiezas a leer...

Por favor, deja de postergar cosas que son muy importantes para ti.
Deja de dejarte hasta el final.

Ahora, si ese es tu caso, eso está muy bien. Pero que interrumpir tu vida laboral no sea también interrumpir tus sueños, no sea también interrumpir tus proyectos y que tampoco sea renunciar a tu independencia financiera.
En el largo plazo, esto lo podemos resolver con un plan personal de retiro que te permita suspenderlo si es que vas a interrumpir tu vida laboral, o sea, que no se consuma y que no pierdas lo que ya diste.
Aquí en México, la compañía Allianz tiene un instrumento financiero con esas características.

6.- AMAN TANTO A SUS HIJOS, QUE QUIEREN QUE SUS HIJOS ESTÉN BIEN Y LOGREN SUS SUEÑOS, CON ELLAS O SIN ELLAS, O A PESAR DE ELLAS.

Si todo está bien, tú te vas a encargar de que tus hijos estén bien. Si todo está bien, ese no es problema. Si pensamos en que siempre todo va a estar bien no necesitas una estrategia. Pero esa no es una forma sensata de ver la vida...
El problema es si las cosas no salen como tú lo planeaste.

Entonces, si todo está bien, tú vas a ver crecer a tus hijos y tú les vas a apoyar para que salgan adelante y logren sus sueños. Pero el problema es si tú ya no estás... Si tú ya no estás, entonces deja que una compañía aseguradora se encargue de darles todo el dinero que van a necesitar para salir adelante.

¿Cuánto cuestan los sueños de tus hijos?

De ese tamaño tiene que ser tu suma asegurada. Para que ellos puedan mantener su estilo de vida desde ahorita, hasta que el más pequeño de tus hijos pueda valerse por sí mismo y lograr sus sueños. Así estamos garantizando que tus hijos van a estar bien y van a lograr sus sueños, aunque tú ya no estés aquí para verlo.

Ahora, ¿A qué me refiero con decir que tus hijos logren sus sueños a pesar de ti?

Me refiero a que en caso de que por algún accidente horrible o por alguna enfermedad horrible pierdas la capacidad de trabajar que ahora tienes, entonces que financieramente ese no sea un problema.
Que tú y tus hijos tengan todo el dinero que van a necesitar para lograr lo que quieren lograr. Eso se resuelve con un seguro de invalidez. ¿Te acuerdas?

Conclusión:

Entonces, si amas tanto a tus hijos que quieres que estén bien y logren sus sueños contigo, tú te encargas, tú trabajas, tú ahorras, tú inviertes. Porque así tú creces con ellos, tú los acompañas y tú les das lo que necesitan para que lo logren.

Pero si tú no estás, entonces deja que se encargue una compañía aseguradora; para eso necesitas el seguro de vida.

Y para que tus hijos estén bien y logren sus sueños a pesar de ti, para eso necesitas un seguro de invalidez. ¿Si se entiende?

CAPÍTULO 5

PRINCIPALES RIESGOS FINANCIEROS Y CÓMO MITIGARLOS

“Una mujer desesperada toma decisiones desesperadas”.

Pero tú eres inteligente, (por eso estás leyendo este libro) así que toma decisiones inteligentes. No te esperes a que tus circunstancias cambien, porque si eso pasa, vas a tomar decisiones desesperadas.

Ejercicio mental de inteligencia financiera:

¿A QUÉ LE APOSTARÍAS?

Imagínate que yo te digo que tengo un proyecto muy importante y estoy eligiendo a la gente de mi equipo, porque me interesa rodearme de personas que tienen la inteligencia para ganar a como dé lugar.

Así que yo te doy un millón de pesos y te digo, aquí tienes este millón de pesos...

Tu primera prueba es que los vas a utilizar para hacer una apuesta.
Si la pierdes, ya no quiero trabajar contigo. (Yo perdí un millón de pesos).
Pero si la ganas, entonces nos vamos a repartir las ganancias, la mitad para ti y la mitad para mí... Y seguiré haciendo equipo contigo porque tú eres una mujer que sabe ganar y a mí eso me interesa mucho porque seguiremos ganando los dos.

Ésta es la apuesta. Te doy la libertad de decidir.

Tienes estos dos escenarios y sólo puedes elegir uno:

1.- Apostar a que nunca te ocurrirá un imprevisto desagradable. *
2.- Apostar a que sí, en algún momento puede ocurrir un imprevisto desagradable.

*Imprevisto desagradable:
Necesidad urgente de resolver un problema que difícilmente puedes resolver tú sola.
Por ejemplo:

A. Un accidente.
B. Una enfermedad costosa tuya o de alguien que amas.
C. Necesidad de una cirugía de emergencia, que si no la atiendes está en riesgo la vida.

D. Perder la salud que ahora tienes y que necesitas para seguir ejerciendo tu trabajo.
E. Perder la vida cuando tus hijos todavía te necesitan.

¿A qué le apostarías?

Si estoy hablando con una persona sensata, entonces seguramente tu respuesta es que **en algún momento de la vida te puede ocurrir un imprevisto desagradable,** aunque no te guste.

¿Es correcto?

Una mujer inteligente se define porque toma decisiones inteligentes.

Y la mejor forma de tomar decisiones inteligentes es **ahorita** que no estás en medio de una crisis, porque si te esperas a que pase el tiempo y no tienes una estrategia, y no te preparas para las eventualidades imposibles de anticipar, llegará el momento en que estarás en medio de la crisis y lo más probable es que tomarás decisiones desesperadas, que no son las más convenientes ni para ti, ni para los que amas.

¿Sabes por qué la mayoría de las personas que ahora están batallando no tenían una estrategia?

Por estas 3 razones:

1.- Porque no planearon nada.

2.- Porque es muy incómodo pensar en eso.

3.- Porque es demasiado sencillo no hacer nada.

Desglosemos:

1.- Porque no planearon nada.

Y si no sabes a dónde vas, es muy probable que no te guste el lugar en que termines...

Quien no tiene claro a dónde quiere llegar, no necesita hacer un plan. Pero ***no hay viento favorable para quien no sabe a dónde va (Séneca).***

2.- Porque es muy incómodo.

Es muy incómodo analizar qué pasaría si las cosas no salen como lo planearon.

Pero ser financieramente independiente no se logra desde la comodidad.

3.- Porque es demasiado sencillo no hacer nada...

Y en el corto plazo, realmente parece que no hay problema.

Pero **el costo de no hacer nada, siempre es el más caro...**

Una analogía para entenderlo más fácil podría ser: Si no empiezas hoy a invertir para tu retiro, en el corto plazo, parece que no pasa nada, pero en el largo plazo, la realidad será muy diferente.

MILLONES DE PESOS O DE DÓLARES a tu favor, o en tu contra, serán la diferencia.

Girar un grado en el barco, (parece insignificante) pero con el tiempo, en océano abierto son kilómetros de desvío.
¿Tiene sentido para ti?

RIESGOS FINANCIEROS:

Mi objetivo con este capítulo es que puedas darte cuenta de que esos riesgos financieros que ahora tienes en casa, puedes trasladarlos.

No los tengas tú, que los tenga una compañía aseguradora, **esa es la forma más inteligente, más fácil y barata de resolverlo.**

Te voy a decir cuáles son los tres riesgos financieros más importantes que tenemos las personas... son más importantes que quedarte sin trabajo, ser víctima de un fraude o que tu negocio se vaya a la quiebra:

Vivir poco.
Vivir mal.
Vivir mucho.

A continuación, te los explico cada uno por separado:

1.- Vivir poco:

En el capítulo 2, vimos lo que podría pasar con los niños de Chuchita si ella fallece de manera prematura, ¿te acuerdas? Te confieso que lloré nomás de imaginarlo.

Vivir poco es un riesgo financiero muy importante porque el día en que ya no estés, tus niños, los que amas, no sólo te perderán a ti... también perderán tu ingreso, el dinero que tú generas.

La vida se acaba hasta que se acaba, pero el amor, tu ayuda y tu protección, esos no se acaban, aunque se te acabe la vida.

Estos se resuelven con un seguro de vida.

Imagínate que ya no estás...
¿Cómo quieres que tus hijos te recuerden?
¿Qué es lo que más quieres que recuerden tus hijos acerca de ti?...

1. ¿Quieres que te recuerden como alguien que los amó, los acompañó y les dio todo mientras pudo?...
2. ¿O como alguien que además de haberles dado todo lo anterior, aun cuando ya no estaba, a ellos les seguía llegando su amor, su impulso y su ayuda económica, que son de cierta manera su compañía?

Hay una gran diferencia entre estas dos, ¿estás de acuerdo?

Si te interesa la segunda opción, métele billetes y contrata un seguro de vida.

Carta de amor:

Una vez que contrates tu seguro de vida, junto con tu póliza vas a guardar una "carta de amor" para tus niños, o grábate en un video, como tú quieras.
El objetivo es el siguiente:
Imagínate que ya no te tienen...
¿Qué palabras de amor y de aliento te gustaría que ellos reciban de ti misma en ese momento de tu despedida?
¿Qué es para ti realmente importante que ellos recuerden?

Aquí tienes un ejemplo de lo que podría decir tu carta:

> *Campeón, cuando te vi por primera vez, recé y lloré de felicidad. Y me prometí a mí misma, que siempre voy a cuidar de ti. Y que te voy a amar por siempre.*
>
> *Tomé un seguro de vida; eso me ayudó a calmar mi corazón, y ahora estoy tranquila porque sé que nunca te faltará nada.*
>
> *Ésta es mi carta de amor.*
>
> *Sigue adelante, que yo te acompaño desde el cielo viéndote crecer; voy a celebrar junto contigo cada uno de tus logros.*

... el futuro de tu niño vale cualquier sacrificio.

Tómate tu tiempo, es una tarea muy conmovedora, no hay prisa. Si quieres, pausa tu lectura, toma una hoja y una pluma y hazla de una vez ahora que puedes.

Si ahora no es un buen momento para hacerlo, agéndatelo, ponle fecha, hora y lugar, haz un compromiso contigo misma, por los que amas, y hazla.

2.- Vivir mal:

"Hasta Superman necesita un seguro". En el video que tienes grabado en el QR del capítulo 6 quedará más claro por qué te estoy diciendo esto.

Con "vivir mal", me refiero a vivir sin la salud que ahora tienes.

Con vivir mal, me refiero a perder la capacidad de valerte por ti misma.

Perder la capacidad que ahora tienes para levantarte y salir a trabajar todos los días...

Piensa por un momento:

¿Qué pasaría contigo si por alguna razón, *por algún accidente horrible o por alguna enfermedad horrible* ya no pudieras trabajar como ahora lo haces?

¿Quién se haría cargo de ti?...

Pausa tu lectura y escribe tus respuestas más honestas aquí:

____

... esa persona que tú crees que se haría cargo de ti, ¿realmente tiene los recursos económicos para salir adelante por sí misma y también hacerse cargo de ti?

¿Y de tus terapias y tus medicamentos también puede hacerse cargo?...

¿Cuánto tiempo crees que le durarán los recursos?

Y después de ese tiempo... ¿ahora qué? ¿Ahora cómo le vas a hacer?

Pausa tu lectura y escribe tu respuesta más honesta aquí:

____

____

____

Si no las escribiste, regrésate. No huyas de esas preguntas. Es realmente importante hacerlo.

Si no encontraste respuestas que te hagan sentir bien, no te preocupes... Eso lo vamos a resolver con un seguro de invalidez.

Hablaremos de éste en el siguiente capítulo, con el cuadrante de "Por dinero no paramos".

Otro aspecto importante de este tipo de riesgo es contraer una enfermedad muy costosa en cuanto a gastos médicos se refiere.

Esto lo resolvemos igual que como lo resolvió la mujer maravilla en el relato que vimos en la página **39, cap. 2**

Sólo es determinante que te asesores con alguien de confianza.

Tienes un ejemplo real del por qué estoy diciendo esto en el siguiente enlace, en el que relato brevemente el caso de una de mis clientas:

https://www.facebook.com/share/p/NmptmFJrB68DgtG6/

3.- Vivir mucho:

¿Por qué vivir mucho es un riesgo financiero?

Porque la esperanza de vida biológica no es igual que la esperanza de vida financiera.

Al llegar a la etapa de adulto mayor, vamos a seguir necesitando dinero y vamos a tener menor capacidad para generarlo:

Menos oportunidades, menos energía, menos fuerza, menos resistencia, menos salud, menos capacidad física y mental para seguir produciendo dinero.

Si por ahora, no tienes una solución para eso, no te preocupes, eso lo vamos a resolver planeando tu retiro. En el capítulo 8 te diré cómo hacerlo inteligentemente.

CAPÍTULO 6

EL CUADRANTE DE "POR DINERO NO PARAMOS"

No encontré una forma más eficiente de explicártelo que con un video.

Toma papel y pluma para que hagas anotaciones. Está comprobado que, aunque no vuelvas a ver tus anotaciones, de todas formas, retienes más los aprendizajes porque anotaste.

Escanea el siguiente código QR disfrútalo y aprende.

POR DINERO **NO PARAMOS**

CAPÍTULO 7

"DESAPENDEJÓMETRO"

"DESAPENDEJÓMETRO"

¿Te acuerdas de tu ex?

Hay que tener cuidado con un patán que parece príncipe azul, ¿estás de acuerdo?

Así también hay que tener cuidado con un fraude que parece inversión.

... El 17 de octubre del 2023, estuve en el programa de radio Simplemente Adriana[10] Es un programa muy escuchado en la ciudad de Guadalajara, Jalisco. El tema fue *"Inteligencia Financiera para Mujeres"*.

Después de unos días, una persona me contactó para pedirme una asesoría personalizada. La asesoría era en tema de "inversiones".

Nos vimos el 6 de noviembre en un buen café, la plática fue larga, unas tres horas... Acordamos que pronto iniciaría con una inversión en un instrumento formal en nuestro país, respaldado por la ley que es un fondo indexado al S&P 500. Si no sabes qué es eso, te lo explico rapidísimo:

El S&P 500 es un índice. Son las 500 empresas más fuertes de Estados Unidos de América.

Cuando adquieres ese instrumento, haz de cuenta que estás comprando una parte pequeñita de las 500 empresas más fuertes de EUA.

¿Será posible que una de estas empresas se vaya a la quiebra?

Si, claro que sí. Porque si quebró Blockbuster que tenía 9000 sucursales y llegó a facturar 6 mil millones de dólares en un solo año[11] también una de estas empresas del (S&P 500) podría quebrar. Pero no te preocupes, porque a cada una de estas empresas continuamente las están monitoreando y cuando a alguna le empieza a ir mal la sacan del índice y meten otra. Y como dijo César Vega ¿qué tan probable será que las 500 empresas más fuertes de EUA se vayan todas juntas al fracaso al mismo tiempo, el mismo día?

No puedo decir que es imposible, porque no soy Dios, pero la probabilidad es mucho más bajita. Precisamente por eso, no estás comprando acciones de una sola compañía, sino de las 500 empresas más fuertes de EUA, así que estás diversificando muy bien el riesgo.

Invirtiendo ahí, así como ese conjunto de empresas genere ganancias, así va a crecer el dinero que tengas invertido en ese plan.

Adquirirlo es muy fácil y no necesitas mucho dinero. Si eres capaz de invertir desde 50 pesos al día (o sea, 1500 pesos MXN al mes), de ahí para arriba puedes adquirirlo. Más información de este instrumento de inversión aquí:

Volviendo al tema de la persona que me habló:

... dijo que iniciaría pronto a invertir ahí, pero después decidió que mejor en enero 2024 "en los primeros cinco días - dijo"

El 9 de diciembre (2023) a las 9 de la mañana me mandó un mensaje de WhatsApp diciéndome:

Oye, me invitaron a invertir aquí, a ver si tú sabes algo de esto, aquí te lo mando...

Eran unos PDF´S que se veían muy bien. Sin revisarlos mucho tiempo, (quizás un par de minutos) noté que ahí decía que obtendría muchísimo mayor rendimiento que la inversión que yo le propuse.

Asi que contesté con un audio que en resumen decía lo siguiente:

Recuerda que para que una inversión te dé más rendimiento, al mismo tiempo tú estás asumiendo un mayor riesgo. Si te van a dar menor rendimiento, será normal que tú estés asumiendo menor riesgo.

De esto que tú me mandaste, entre los factores que hay que considerar y que podrían ser "banderas rojas"...

1. De entrada te digo que, aquí dice que esta empresa se dedica a hacer apuestas y apostar no es lo mismo que invertir.
2. Aquí dice que la empresa está regulada en Europa...

¿Qué tanto dinero estás dispuesta a invertir ahí?

Mira, sabemos que se invierte para ganar, pero la manera correcta de hacer inversiones, y de hacer crecer el dinero (a ese nivel de rendimientos) es invertir solamente el dinero que estás dispuesta a perder...

Ya sabemos que se invierte para ganar, sí, pero como puede que funcione y puede que no funcione, entonces: ¿Qué tanto dinero estás dispuesta a arriesgar en una plataforma como ésta?
¿Quién es la autoridad que está detrás?
¿Quién la regula?
¿Quién te va a defender si no te cumplen lo que te prometieron?

Aquí veo que está regulada en Europa... digo, no. La verdad es que no me di el tiempo de revisarlo todo al 100% nomás así; simplemente abrí, vi un poquito lo que me mandaste... mira, si está regulada en Europa, mmm...

No sé, ¿Cuánto quieres invertir?

¿100 mil pesos?

(Yo de antemano sabía que para ella no era tan difícil esa cantidad).

¿Te parece iniciar a probar cómo funciona con 100 mil pesos? Ok. ¿Qué va a pasar si no te cumplen lo que te prometieron?

Vas a tener que ir a Europa ¿Cuánto te va a costar ese viaje a Europa?

(Además de los vuelos, es el hospedaje, el alimento y pagarle a un abogado para que ayude con el trámite).

Mira, yo no te puedo dar una opinión así de fría, así de directa en decirte: "Esto es un fraude" porque po's... No tengo esa certeza. Pero sí hay, aquí en esto que me estás mandando sí hay banderas rojas. Sí hay señales de alerta que deberías de tomar en cuenta antes de meter dinero ahí.

Ahora, ¿si es un buen instrumento o no para ti?... Pues es que eso va a depender de tus objetivos, no tanto es analizar lo que te está proponiendo una empresa, sino primero, tú debes ver:

¿Qué quieres lograr?

¿Cuánto quieres invertir? y ¿para qué?

¿A cuánto tiempo quieres invertir?

Y después de esas respuestas, ahora sí buscamos cual es el instrumento financiero que se *acomoda mejor para ti.... Entonces... Bueno, ya te dije algunas cosas que son muy importantes, ahora pregunta para ti:*

¿Qué esperas de mí?

O sea, el hecho de tú mandarme esto y que me digas, - "Oye, tengo ésta otra propuesta de inversión". ¿Qué esperas de mí? O sea, ¿lo que esperas es que yo te oriente para que sepas en dónde invertir? ¿O qué estás esperando?

Con confianza, dime.

Me contestó fríamente, diciendo:

No. Nada más quería saber si la conoces.

Yo contesté:

Ok. No la conozco. Necesitaría estudiarla bien.

A finales de diciembre, supe de una empresa que había estado fallando recientemente con el cumplimiento de pago a sus inversionistas... cuando vi el logotipo de la empresa dije: ¿no es la misma que me había mandado esta persona hace poquito?

Revisé mi WhatsApp y ¡Tómala! Sí era.

Tal como habíamos acordado, intenté comunicarme varias veces en los primeros 5 días de enero, pero no tuve éxito. No me contestó llamadas ni mensajes.

El 6 de enero, la Fiscalía del Estado de Jalisco, informó que había recibido las primeras denuncias contra Yox Holding por el presunto delito de fraude.

Sí, era la misma empresa por la que me había preguntado esa persona.

Hoy (19 de agosto 2024) que estoy a punto de entregar el manuscrito de mi libro, todavía no sé si la perjudicaron o no, pues no he logrado tener comunicación.

Mi mente cochambrosa dice que lo más probable es que sí, que probablemente la perjudicaron con mucho, porque era una persona de alto poder adquisitivo y que como le da vergüenza decírmelo, por eso ya no hemos hablado. Pero eso es sólo lo que dice mi mente cochambrosa, probablemente esté equivocado. Ojalá que esté equivocado...

Antes de darte claves importantes acerca de cómo puedes identificar si lo que te están ofreciendo es una inversión, o si pudiera tratarse de un fraude que parece inversión, déjame decirte lo siguiente:

Debes tomar en cuenta que, "los patanes" al igual que "los fraudes" seguirán existiendo toda la vida, así que **¡PONTE ALERTA!**

Porque estos güeyes (los que hacen fraudes) son buenísimos para persuadirte, saben muy bien cómo endulzarte el oído. Al principio, puede ser que te traten muy bien, se ven elegantes, sus oficinas están preciosas.

Ellos saben muy bien decirte lo que te gusta escuchar y mostrarte lo que te gusta ver; por ejemplo, captan famosos y millonarios que invierten con ellos y eso les da más prestigio y mayor credibilidad...

¿Por qué te digo que te dicen lo que te gusta escuchar?

Bueno, tal vez tú seas la excepción, no lo sé. Pero a la mayoría le gusta escuchar que todo va a estar bien. Que pueden sentir la confianza de que invirtiendo con ellos van a ganar (que siempre van a ganar).

¿Y por qué te digo que saben mostrarte lo que te gusta ver?

Otra vez, tal vez tú seas la excepción, no lo sé. Pero a la mayoría les gusta ver que el "inversionista promotor" que los está invitando a invertir ahí, les muestre sus estados de cuenta con grandes ganancias.

» Fotos de sus viajes por todo el mundo.
» Sus hermosas oficinas.
» Su excelente ropa.
» Su auto de lujo, etc.

Hay mucha gente que con haber escuchado eso y haber visto eso... caen en la trampa 😩

Así como muchas cayeron en manos de un "patán" que al principio parecía "príncipe azul" ¿te das cuenta?

Así que pon mucha atención:

- No todo el que tiene mucha lana es ético.
- No todo el que tiene mucha lana, tiene buena educación financiera.
- No todo el que gana muy bien significa que tiene completa inteligencia financiera.
- **¡NO!**

¿Quieres una muestra de la vida real en la que puedes confirmar esto que te acabo de decir?

¿Te gusta ver documentales en NETFLIX?

Ve con atención éste: **MADOFF "El monstruo de Wall Street"**

Aquí tienes las claves importantes que te pueden servir para "desenmascarar" un fraude que parece inversión:

Piensa por un momento, ¿a qué te dedicas?
¿Qué tal si yo te dijera que yo también soy muy chingón en eso a lo que tú te dedicas?
¿Cuál sería una forma sencilla que puede darte señales de que estoy mintiendo?
Por si no se te ocurrió, la respuesta es **hacerme buenas preguntas** para que mis respuestas te den indicios de eso.

Así que la clave es: **HACER LAS PREGUNTAS CORRECTAS.**

Además de hacer las preguntas correctas observa y escucha con atención.
¿Y por qué te dije que los fraudes van a seguir existiendo toda la vida?
Porque dime tú, ¿Cómo las personas van a saber hacer las preguntas correctas si no se educan financieramente?
¿Cómo, si sólo quieren escuchar lo que les gusta escuchar?
¿Cómo, si no les gusta leer?
¿Cómo, si no quieren incomodarse?

Quisiera escribir que ***"Así no se pinches puede"*** pero luego me regañan por eso, mejor no lo escribo. Bueno, ya lo puse, "inguesu".

Por eso los fraudes van a seguir existiendo, porque ellos van a seguir encontrando personas con el perfil de su cliente ideal:

Personas que se quieren enriquecer rápido, invirtiendo poco y sin riesgo, sin esfuerzo, sin educarse, sin estudiar mucho las opciones de inversión...

¿Te digo un secreto?
Dijo Carlos Morett refiriéndose a alguien que cree en todo eso:
"mereces que te estafen por pendejo"

Aquí te van las preguntas correctas:

1. **¿Cómo se llama la empresa?**

   Esa respuesta da pie, a que puedas averiguar en otras fuentes, no te quedes sólo con lo que te digan ellos.

2. **¿A qué se dedica la empresa?**

   Si no te queda claro a qué se dedican, si no entendiste de dónde va a salir el dinero, mejor no inviertas.

   Muchos estafadores presentan las cosas complicadas para que no le entiendas y te enfoques solamente en el que <u>*"vas a ganar mucho invirtiendo con nosotros".*</u>

   Además de que esta pregunta es importante para que sepas de dónde va a salir el dinero, también te va dando información para que sepas qué clase de rendimiento obtendrás *"garantizado, fijo o variable"*

3.- ¿Quién la regula?

O sea, quién es la autoridad que te va a defender si no te cumplen lo que te prometieron. Si esa autoridad se encuentra en otro país, no quiere decir que es fraude, lo que quiere decir es que si algo sale mal vas a tener que trasladarte a ese país, hospedarte, alimentarte y pagarle a un abogado de ese país para hacer tu reclamación.

4. ¿Esta inversión funciona a corto, mediano o largo plazo?
Si te dicen que te va a dar mucho rendimiento[11] en el corto plazo, acuérdate de lo que dijo Carlos Morett.

5. ¿Qué clase de rendimiento me van a dar?
Aunque te den un PDF bien bonito, pregunta: Ese rendimiento que dice aquí, ¿es mensual o es anual[12] ¿es garantizado, fijo o variable?

Supongamos que te dicen es garantizado:
Échale talento, tú eres muy inteligente. Tu siguiente pregunta debe ser: ¿quién lo garantiza?, y pon mucha atención a la respuesta. Si te contesta un disparate como: yo te lo garantizo, con mis estados de cuenta, con mi prestigio, con mi trayectoria, etc.
Te lo garantiza mi empresa, que tiene mucho prestigio...

Échale talento, tú eres muy lista, piensa qué le quieres responder. Si por ahora, no se te ocurre nada, aquí te dejo tres opciones mexicanas:

- Bueno, voy a seguir viendo, gracias 🙄
- ¡Tu mamá, güey! Y te vas corriendo antes de que veas cómo se enoja.

- Naaaah... Ni tú ni tu empresa son la autoridad que me va a defender si no cumples lo que me prometiste. Adiós.

LA ÚNICA FORMA DE INVERTIR QUE YO CONOZCO QUE TE DA UN RENDIMIENTO GARANTIZADO ES A TRAVÉS DE UNA ASEGURADORA:

Antes de que se despeinen quienes dicen que esa no es una inversión. Vamos a definir de una forma sencilla de tal modo que lo pueda entender un niño de 7 años:

¿Qué es hacer una inversión?
Hacer una inversión es colocar dinero en "algo" y esperar un tiempo, después de ese tiempo, retiras no solo el dinero que tú pusiste sino "más dinero". Ese "más dinero" es el rendimiento.

¿Tiene sentido para ti esta definición?

Ese "algo" en el que lograste retirar más dinero del que metiste puede ser un banco, una empresa, un fondo indexado, un CETE, **un seguro,** etc.

Los **"anti-seguros"** van a pensar que no es así, pero no te preocupes, eso es comprobable.

En nuestro país tenemos la LISF (Ley de Instituciones de Seguros y Fianzas).

Supongamos que tú ya contrataste un seguro y que tu póliza dice **"valores garantizados"**, es una columna en la que se detalla qué cantidad de dinero puedes retirar en ese año en el que se está proyectando ese retiro de dinero.

Tabla de valores garantizados

Año de seguro	Suma Asegurada alcanzada	Pagado hasta	Valor en efectivo	Seguro saldado Suma Asegurada	Hasta	Seguro prorrogado Suma Asegurada	Hasta
1	100,000.00	10/05/2023	.00	.00	10/05/2086	100,000.00	10/05/2023
2	100,000.00	10/05/2024	.00	.00	10/05/2086	100,000.00	10/05/2024
3	100,000.00	10/05/2025	2,709.00	8,150.00	10/05/2086	100,000.00	07/04/2033
4	100,000.00	10/05/2026	4,401.00	13,274.00	10/05/2086	100,000.00	14/11/2037
5	100,000.00	10/05/2027	6,398.00	19,063.00	10/05/2086	100,000.00	30/03/2042
6	100,000.00	10/05/2028	8,713.00	25,497.00	10/05/2086	100,000.00	29/05/2046
7	100,000.00	10/05/2029	11,684.00	33,485.00	10/05/2086	100,000.00	06/11/2050
8	100,000.00	10/05/2030	15,310.00	42,902.00	10/05/2086	100,000.00	17/06/2055
9	100,000.00	10/05/2031	19,922.00	54,540.00	10/05/2086	100,000.00	14/08/2060
10	100,000.00	10/05/2032	25,227.00	67,435.00	10/05/2086	100,000.00	16/02/2066
11	100,000.00	10/05/2033	28,415.00	74,146.00	10/05/2086	100,000.00	02/03/2069
12	100,000.00	10/05/2034	31,704.00	80,745.00	10/05/2086	100,000.00	14/05/2072
13	100,000.00	10/05/2035	35,099.00	87,245.00	10/05/2086	100,000.00	27/12/2075
14	100,000.00	10/05/2036	38,606.00	93,659.00	10/05/2086	100,000.00	23/09/2080
15	100,000.00	10/05/2037	42,230.00	100,000.00	10/05/2086	100,000.00	10/05/2085
16	100,000.00	10/05/2038	43,271.00	100,000.00	10/05/2086	100,000.00	10/05/2085
17	100,000.00	10/05/2039	44,325.00	100,000.00	10/05/2086	100,000.00	10/05/2085
18	100,000.00	10/05/2040	45,389.00	100,000.00	10/05/2086	100,000.00	10/05/2085
19	100,000.00	10/05/2041	46,464.00	100,000.00	10/05/2086	100,000.00	10/05/2085
20	100,000.00	10/05/2042	47,549.00	100,000.00	10/05/2086	100,000.00	10/05/2085
21	100,000.00	10/05/2043	48,642.00	100,000.00	10/05/2086	100,000.00	10/05/2085
22	100,000.00	10/05/2044	49,743.00	100,000.00	10/05/2086	100,000.00	10/05/2085
23	100,000.00	10/05/2045	50,851.00	100,000.00	10/05/2086	100,000.00	10/05/2085
24	100,000.00	10/05/2046	51,965.00	100,000.00	10/05/2086	100,000.00	10/05/2085
25	100,000.00	10/05/2047	53,084.00	100,000.00	10/05/2086	100,000.00	10/05/2085
26	100,000.00	10/05/2048	54,207.00	100,000.00	10/05/2086	100,000.00	10/05/2085
27	100,000.00	10/05/2049	55,333.00	100,000.00	10/05/2086	100,000.00	10/05/2085
28	100,000.00	10/05/2050	56,461.00	100,000.00	10/05/2086	100,000.00	10/05/2085
29	100,000.00	10/05/2051	57,590.00	100,000.00	10/05/2086	100,000.00	10/05/2085
30	100,000.00	10/05/2052	58,718.00	100,000.00	10/05/2086	100,000.00	10/05/2085
31	100,000.00	10/05/2053	59,845.00	100,000.00	10/05/2086	100,000.00	10/05/2085
32	100,000.00	10/05/2054	60,970.00	100,000.00	10/05/2086	100,000.00	10/05/2085
33	100,000.00	10/05/2055	62,091.00	100,000.00	10/05/2086	100,000.00	10/05/2085
34	100,000.00	10/05/2056	63,208.00	100,000.00	10/05/2086	100,000.00	10/05/2085
35	100,000.00	10/05/2057	64,318.00	100,000.00	10/05/2086	100,000.00	10/05/2085
36	100,000.00	10/05/2058	65,422.00	100,000.00	10/05/2086	100,000.00	10/05/2085

Esta persona puede retirar de forma garantizada $47,549.00 USD en el año 20. Ganando al doble: Porque retira más dólares de los que depositó, más lo que gane por el tipo de cambio, que seguramente al llegar a ese año, el dólar valdrá más de lo que valía cuando lo compró.

Cada vez que tú haces una aportación a tu plan (seguro) la compañía tiene que trasladar una parte de ese dinero que tu metiste a sus **"RESERVAS TÉCNICAS".** Eso quiere decir que la compañía deja resguardado ese dinero que se comprometió a pagarte a ti y a todos sus clientes. Ese dinero que está en sus RESERVAS TÉCNICAS no lo pueden usar para hacer negocios, construirse un edificio o algo así, no. Ese dinero es el que ya está comprometido para ti y para todos los demás a quienes les prometió "valores garantizados". Al cumplirse el plazo, la compañía te va a entregar ese dinero pase lo que pase, aunque haya recesión, así estallara la tercera guerra mundial, aunque se caigan los mercados o sobrevenga una pandemia más agresiva que la del COVID, pase lo que pase. Porque no quiere decir que van a tener ese dinero, NO. Quiere decir que ese dinero ¡YA LO TIENEN!

¿Quién vigila que eso que te estoy diciendo, en verdad lo esté haciendo la compañía?

Secretaría de Hacienda y Crédito Público (SHCP), Comisión Nacional para la Protección y Defensa de los Usuarios de Servicios Financieros (CONDUSEF) y la Comisión Nacional de Seguros y Fianzas (CNSF). Todos ellos, ante la Ley de Instituciones de Seguros y Fianzas (LISF) tienen acceso a confirmar que esa información sea cierta. Y si la aseguradora mintió, le van a poner una "chinga", y a los auditores les pagan de acuerdo con las "chingas" (multas) que pegaron, así que imagínate cómo andan todos esos "tiburones" auditores muy al pendiente para saber si lo tienen bien o si se van a ganar unos "milloncitos" por haber agarrado a una aseguradora en un error de esa magnitud.

Otra forma de entender más fácil por qué es muy sólido esto que te estoy diciendo:

Para hablar de números fáciles, imagínate que la aseguradora tiene 100 clientes (claro que tiene muchos más, sólo estamos hablando de números fáciles); a cada uno de esos clientes le prometió bajo contrato en su suma asegurada o en sus valores garantizados 1 millón de dólares. Quiere decir que esa aseguradora por lo menos tiene 100 millones de dólares en sus reservas técnicas. Y ese dinero no lo puede utilizar en otra cosa, ese dinero está resguardado para cumplir con ese compromiso que tiene con cada uno de sus clientes al llegar el momento preciso.

No conozco otro instrumento financiero que tenga esa garantía.

No la tienen ni los bancos. Porque el dinero que pongas en el banco está respaldado por el IPAB (Instituto para la Protección al Ahorro Bancario) pero el IPAB, Instituto para la Protección al Ahorro Bancario tiene un límite. Hoy en día, ese límite es de 400 mil UDIS (Unidades de Inversión) equivalentes a 3 millones cien mil pesos aproximadamente hoy en día.

Entonces, ni el banco es tan fuerte. Porque su garantía tiene un límite. Y en la aseguradora, si la compañía te prometió bajo contrato, por concepto de Suma Asegurada o de Valores Garantizados diez millones de dólares o más, ese dinero ya lo tiene ahí para ti, en cualquier momento, y está respaldado por todo eso que te dije:

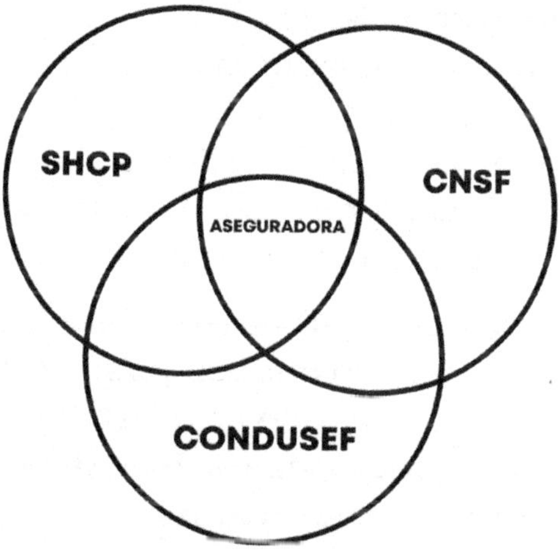

Así que esa sí es una inversión que te da un rendimiento garantizado.

El hecho de que el rendimiento sea "poquito" esa es otra cosa. Si finalmente retiras más dinero del que tú metiste, sí señor. Eso es una inversión.

Ahora volvamos a lo de qué clase de rendimiento te van a dar "garantizado, fijo, o variable".

Si te respondió que es fijo, está bien, pero eso debe cuadrar con lo que están haciendo ellos, porque ¿de dónde saldrá el dinero? Está raro que a ti te den un rendimiento fijo si la empresa se dedica a algo que no es fijo. Por ejemplo, si se dedica a invertir en la bolsa de valores. Porque la Bolsa de Valores siempre es variable. Al invertir en la Bolsa no se sabe si vas a ganar o perder o cuánto vas a ganar o perder. Sí te puedes atender con un profesional que te ayude a armar un portafolios de inversión bien diversificado, de riesgo bajo, moderado o alto, pero no fijo, ni garantizado tampoco.

Si te responde que es variable, está bien. Entonces ya sabes a lo que vas, puede que suba tu ganancia, puede que baje. Este tipo de inversiones son muy buenas, más debes tener en cuenta que funcionan mejor en el largo plazo.

Finalmente, aquí tienes los básicos para empezar a invertir

Regla básica respecto al uso del dinero en las inversiones:

- Para tener una mayor ganancia también vas a tener mayor riesgo.
- Para tener una menor ganancia también vas a tener menor riesgo.

Cuando se trata de un fraude, muchas veces sucede que te prometen que tendrás mucha ganancia y poco riesgo... algunos más atrevidos dicen que esa "mucha ganancia" llegará pronto, que en el primer año de tu inversión la duplicas o la triplicas; huele a fraude, eso está raro, no es normal.

Acuérdate de lo que puedes contestar:

- ¡Tu mamá, güey! Y te vas corriendo antes de que veas como se enoja.

Ahora te diré algo muy importante acerca de la manera correcta de invertir:

No inviertas para tener más dinero y luego gastártelo. Esa es la trampa de la inmediatez y así no vas a ganar con el interés compuesto, solo tendrás el interés "descompuesto". En el argot financiero se le llama "interés simple".

Invierte para convertir tu dinero en riqueza. Que ese dinero que tienes en inversiones (capital) se encargue de que vivas bien. Así como tú quieres vivir.

Invierte mucho, invierte muchas veces, porque, así como una golondrina no hace una primavera. Una sola inversión no te vuelve inversionista.

Un buen ejemplo de invertir así, es poner en práctica el contenido del capítulo 8.

En tu camino de inversionista, habrá subidas y bajadas. Recuerda que, en las inversiones, así como en los deportes y la vida entera, se puede ganar, se puede empatar y se puede perder.

Y eso es parte de tu proceso de crecimiento. Disfrútalo. Pues ***la felicidad no es una estación de llegada, es un modo de viajar.*** *(créditos al autor).*

10 | *Aquí tienes el enlace de Spotify para escuchar la grabación del programa de aquel día:*

https://open.spotify.com/episode/5EiTHMFRZ7uXDWxg6ygaFU?-si=E6i2-yqJSDyVt3Qi0aPvRg&t=632

11 | *¿Cuánto es mucho y cuánto es poco? Eso depende de con qué lo comparas. En México, ten en cuenta que para discernir si el rendimiento (ganancia) que te ofrece una inversión es mucho o poco, compáralo con CETES. Revisa qué rendimiento está dando CETES. Esa es la tasa de referencia. Si el rendimiento que da CETES es 11% anual y ellos te ofrecen 3.5% mensual (es lo que aproximadamente estaba dando Yox Holding). ESO ES MUCHO RENDIMIENTO.*

12 | *Hay quién dice: Todo asesor financiero que se respeta, te da la tasa de rendimiento anual. Si te la da mensual, "está raro". No quiere decir que ya con eso sabes que no es un buen asesor, o que se trata de un fraude; no, sólo date cuenta de que eso "está raro", y si le sumas un montón de señales que "están raras", como el que no entiendes bien a qué se dedica la empresa, la autoridad que la regula no está en tu país, da mucho rendimiento... entonces es un instrumento de inversión que "huele mal". Todavía no tengo la certeza, pero así de lejecitos ya "huele a fraude".*

CAPÍTULO 8

TUS VERDADERAS VACACIONES LARGAS.

Hermosa, Dios perdona siempre, las personas perdonan a veces...

Pero el tiempo, no. El tiempo no perdona nunca.

Planear el retiro es importante, pero la verdad es que no es para todas.

Voy a comenzar diciéndote cuáles son los tres perfiles de mujeres para quienes no es importante planear su retiro.

Y si descubres que tú eres una de ellas y no es importante planear el retiro para ti, entonces sáltate este capítulo.

Pero si resulta que tú no eres ninguna de estas tres personas que no necesitan planear su retiro, lee con mucha atención y haz anotaciones.

1.- La que tiene la certeza de que va a recibir una herencia millonaria y con esa herencia millonaria le bastará para vivir así cómo quiere vivir en su etapa de adulto mayor sin que se le acabe el dinero, aunque viva 100 años o más...

2.- La que tiene la certeza de que nunca va a llegar a vieja.

3.- La que tiene muchos hijos o sabe que va a tener muchos hijos y tiene la certeza de que entre todos sus hijos se van a colaborar para que ella viva, así como quiere vivir en su etapa de adulto mayor (sin que estén renegando de ella).

La persona que tiene alguna de esas 3 no necesita planear su retiro.

Fuera de estas 3, para todas es importantísimo planear su retiro. Para todas.
Para las que "No lloran, sólo facturan".
Para las que tienen un buen marido, para las que tienen un buen trabajo, para las profesionistas independientes, para las empresarias que venden millones de dólares por semana, para las inversionistas, para quienes quieren vivir de sus rentas.
Para todas. Y conviene por todos lados, hasta por deducir impuestos.

Así que... si no tienes ninguna de estas tres características anteriores, entonces:

¿Me das permiso de decirte algo, aunque suene duro?

No vas a tener el Retiro que te mereces...vas a tener el retiro que tú diseñes.

Desde ahorita estás a cada paso decidiendo (quizás de manera inconsciente) si vas a disfrutar o sufrir tu etapa de retiro.

Es duro ser "vieja" (anciana) ... es duro ser pobre. Pero imagínate ser las dos cosas.

Podremos ser jóvenes sin dinero, pero no podremos ser "viejos" sin dinero.

(Tennessee Williams)

Así que planea cómo quieres retirarte.
Y por retirarte no me refiero a que dejes de trabajar, sino que definas a partir de qué edad empiezas a ser financieramente independiente. A partir de qué edad empiezas a trabajar porque te gusta, y no porque necesitas generar dinero.

Además, debes ser consciente de que, aunque elijas trabajar toda tu vida, nada te garantiza que seguirás teniendo la capacidad física, emocional y mental para poder hacerlo. De hecho, es muy probable que llegue un momento en que será prácticamente imposible hacerlo. (Álbaro Aldrete)

Mi abuelito, "Don Chayo Coral" fue muy trabajador, sin embargo, los últimos años de su vida, necesitaba ayuda para todo... y afortunadamente pudo contar con nosotros. Mi abuelito tenía muchos hijos y muchos nietos; para que él y mi abuelita vivieran felices en su etapa de retiro, sus hijos colaboraban muy bien y además tenía una pensión mensual vitalicia.

Tú y yo, ni tenemos muchos hijos, ni tendremos pensión, así que más vale que hagamos algo ahora por nosotros mismos si queremos vivir felices en esa etapa de la vida.

Cuando le pregunto a las personas:
¿A qué edad quieres ser financieramente independiente?
La mayoría me responde que antes de los 60 años...

Después de eso pregunto:
¿Tienes un plan financiero puesto en marcha para lograrlo?
La mayoría responde que no.

... Entonces, te pregunto a ti:
¿Qué probabilidades hay de que lo logren?
¿Tú crees que lo lograrán así nomás, porque se lo pusieron en la mente “sin hacer nada”?

Si tú quieres ser de quienes sí tienen un plan financiero para lograrlo, ¿Te gustaría conocer un plan financiero que esté de acuerdo con tus posibilidades y que te ayude a cubrir también los 3 riesgos financieros más importantes en la etapa de retiro?

Si no los conoces, no te preocupes, aquí te los presento.

3 riesgos financieros importantísimos en la etapa de retiro:

1.- Que no te alcance el dinero para vivir como tú quieres vivir.

2.- Que sí te alcance, pero después de un tiempo se te acabe el dinero.

3.- Que los costos de atención médica sean cada vez más elevados y necesarios en la etapa de adulto mayor.

PLAN FINANCIERO:

Aquí tienes unos pasos a seguir que te ayudarán a disfrutar de tu etapa de retiro sin que se te acabe el dinero, aunque vivas cien años o más:

Algunas personas, junto con algunos asesores, planean su etapa de retiro a partir de los 60 años para poder vivir bien hasta sus 80 años, o sea, planean vivir bien 20 años en su jubilación.

¿Y yo digo, pues sí, güey, pero y si llega a los 80 años y no se muere?

¿Ahora cómo le vamos a hacer?

¿Cuál va a ser la estrategia si ya rebasó los 80 años y no tiene ni la lana, ni la salud, ni la energía para seguir generando ingresos?

Imagínate el estrés cuando tienes 78 años y luego 79, ya casi cumples los 80, ya casi se te acaba el dinero...

¿Ahora cómo le vas a hacer?

En lugar de eso, vamos a planear que no se te acabe el dinero, aunque cumplas 100 años o más, ¿te parece?

Si estás de acuerdo, entonces continúa leyendo y escribe tus respuestas.

1o. Define a partir de qué edad quieres empezar a trabajar nada más porque te gusta, no porque necesitas generar dinero. ____________

2o. Define tu piso financiero. Es decir, qué cantidad de dinero es lo mínimo que quieres tener garantizada para ti.

¿De cuánto quieres que sea tu ingreso mensual fijo de por vida? ____________________

3o. ¿Cuál es la meta?

Ahora te voy a decir sólo una forma de lograrlo... hay más opciones, aquí tienes una:

Escribe el ingreso mensual con el que crees que puedes vivir, así como tú quieres vivir ________

Multiplícalo por 12 (porque son doce meses en el año).

Eso te dará la cantidad que quieres tener de ingreso al año __________.

Ahora, esa cantidad divídela entre 0.06 y te va a dar un número muy grande, **esa es la meta,** anótala ____________ ahorita te explico por qué...

No le tengas miedo a esa meta, aunque de momento te parezca muy grande, te lo prometo que lo puedes lograr. Eso sí, mientras más pronto inicies lo lograrás más fácil.

Un viaje de kilómetros empieza con el primer paso. (Lao-Tse).

Una meta de millones empieza con el primer peso invertido en una cuenta especial para lograrlo.

Si estamos en la misma sintonía, el ejercicio queda así:

Ingreso mensual ________ x 12 meses = ________ ÷ 0.06 = _______________ Esta cantidad la vas a colocar en un instrumento de inversión moderado, es decir, que el riesgo sea muy bajo... Que te dé el 6% de rendimiento anual.

— "Eso es muy poquito rendimiento, Coral" ...

— Ya sé, ya sé. Tranquila, relájate; al final del ejercicio va a tener sentido el por qué, sino ya me empiezas a decir groserías en la mente jajaja.

En una asesoría personalizada, podemos aclarar dudas y ver los detalles, por ahora el único objetivo es que se entienda fácilmente.

La cantidad que te dije que es la meta, agrégale el 6 % = ______________

Entonces queda así:

Mensual __________ x 12 = ____________

÷ 0.06 = _________________ + 6% ___________

Antes de poner un ejemplo con una cantidad "X", te digo algo que es realmente importante:

Lo que para algunos es mucho, para otros es poco. Eso es totalmente opinable.

Por favor no te sientas "Muy-muy" como "señora de las lomas" ni tampoco te menosprecies.

Te voy a decir por qué:

Algunas piensan que ganar 100 mil pesos por semana es mucho, hasta que conocen a alguien que los gana por día. ¿Ves?

Lo que para algunos es "mucho" para otros es "poco" ... Y por favor, tampoco te menosprecies. La cantidad que sea sensata para ti, con lo que logres vivir, así como tú quieres vivir, con esa cantidad haz el ejercicio. Si ese es tu sueño, eso es suficiente para que valga la pena hacer algo para lograrlo, aunque para algunos eso sea muy "poco".

Los demás no nos importan, ahorita nada más estamos tú y yo haciendo este ejercicio, mientras más sensata sea tu cantidad es mejor.

De hecho, esa es la única forma de hacerlo bien (parados en la verdad) sin agregarle más de lo que quieres y sin quitar tampoco nada de lo que para ti sea importante.

Aquí te va como queda este ejercicio para alguien que quiere 50 mil pesos mensuales de por vida:

$50,000.00 x 12 = $600,000.00

÷ 0.06 = $10'000,000.00 + 6 % = $10'600,000.00

Así que todos los años que vivas vas a retirar solamente el rendimiento (seiscientos mil pesos anuales). El capital, o sea los diez millones, no los vas a retirar nunca. Esos son los que te van a mantener disfrutando tu estilo de vida siempre, aunque vivas cien años o más. Ese dinero estará trabajando para ti. Por eso el dinero puede ser “tu mejor servidor”. Aquí se confirma lo que dijimos en el capítulo 1, el dinero puede ser tu mejor servidor, pero también puede ser tu peor amo. (Francis Bacon)

¿Sí se entiende?

La razón por la cual estamos poniendo un rendimiento muy bajito del 6% es por la siguiente:

Si le pongo un rendimiento más alto, por ejemplo, del 12% entonces tu meta va a ser una cantidad menor y es probable que no la alcances...Y si la alcanzas, también es probable que no resuelvas vivir como tú quieres, porque además falta considerar el tema de la inflación.

Entonces, supongamos que tú consigues un rendimiento del 12%. Pero quizás la inflación fue del 6%, entonces a tu dinero debes disminuirle el 6% de poder adquisitivo, porque hubo 6% de inflación, el otro 6% te queda de ganancia real para seguir viviendo, así como tú quieres vivir... ¿sí me explico?

Entonces considerando sólo 6% de rendimiento anual, de esa forma, esos diez millones nunca se van a acabar, porque tú estás viviendo con el rendimiento que generan esos diez millones. Aunque vivas 100 años o más, ese dinero no se te va a acabar y al final, cuando tú ya no estés, esos diez millones serán un patrimonio heredable para los que tú amas.

Por ahora, con ese ejemplo, si tú quieres tener por lo menos 50 mil pesos mensuales de por vida, deja que tu meta sea de 10 millones de pesos en tu fondo de libertad financiera para disfrutar tu etapa de retiro. Si al llegar a esa etapa (edad) resulta que encuentras un mayor rendimiento, excelente. Tus ganancias serán mayores. Eso será siempre mejor, que ponerte una meta más pequeña porque desde el principio estés asumiendo que encontrarás un mayor rendimiento.

Casi siempre me preguntan: ¿Cuánto tengo que empezar a aportar ya para lograr esos 10

Millones de pesos?

Y siempre respondo, eso depende de en qué momento decides iniciar.

Mientras más pronto inicies, con menos dinero lo vas a conseguir... Pero si te esperas a que pasen los años, mientras más años pasan, entonces vas a necesitar aportar más dinero para lograr esos 10,000,000 de pesos.

Y eso es por el interés compuesto... eso es lo que diremos que es hacer que tu dinero crezca, así como crecen los chismes en el siguiente capítulo.

O sea, el tiempo puede ser tu aliado o tu enemigo. Tú eliges.

Si utilizas el tiempo a tu favor, entonces vas a tener para ti la magia del interés compuesto. Pero si te esperas y dejas que pase el tiempo, entonces, tú nada más tendrás el interés descompuesto. Ja ja ja.

En el próximo capítulo aprenderás cómo es que funciona el interés compuesto, por eso, alguien que empieza su plan de retiro a los 25 años. Con 50 pesos al día, aunque al final del plazo solamente haya aportado 450,000 pesos, puede lograr esos diez millones de pesos en su etapa de retiro.

A veces me preguntan:

¿Y si no llego a la etapa de adulto mayor?

¿Y si muero joven, qué pasa con ese dinero?

No te preocupes. En ese caso, ese dinero se lo van a entregar a quienes tú amas, a quienes tú decidas. Al dinero que coloques en una cuenta de plan personal para el retiro le vas a poner también un beneficiario, y en caso de que tú ya no estés, ese dinero que acumulaste se lo van a entregar a quien tú asignaste como beneficiario, o sea, a quien tú decidas desde ahorita. Normalmente, tus beneficiarios son las personas que más amas en la vida.

AUTOMATÍZALO

Siempre será mejor, empezar a ahorrar poco, de forma constante y automatizada que ahorrar nada esperando en un futuro poder hacer un mayor esfuerzo... mejor empieza ya.

Una vez que ya definiste qué cantidad es la que quieres empezar a aportar para tu plan personal de retiro, es importante que te protejas de tus propios vicios, te protejas de ti misma.

Aleja de ti las tentaciones. No tengas ese dinero disponible. Domicílialo a la misma cuenta a la que te llega tu dinero. Que en automático se transfiera a tu plan personal de retiro. Automatiza esas aportaciones.

Esa es una recomendación que no solamente te la digo yo, Robert Kiyosaki lo llama **"págate a ti primero"** y se refiere a lo siguiente:

Cuando te llega el dinero siempre te encargas de pagar la renta, los servicios, el super, las colegiaturas, las suscripciones, todo. Le pagas a todos y te dejas a ti hasta el final, como si tu fueras la menos importante, cuando en realidad tú eres quien genera ese dinero, es una injusticia contra ti misma.

Olvida los números por un momento, lo que importa es qué hay detrás de ellos. Cuando te pagas primero, en realidad, piensas primero en ti.

Entonces por eso es mejor, como lo dice Kiyosaki **"págate a ti primero"** y después resuelves todo lo demás. Por eso domicílialo, para que tengas la seguridad de que no se te va a olvidar y que no te vas a quedar nada más con lo que te sobre.

Tú eres la más importante, así que págate a ti primero.

Así lo nombra Kiyosaki porque es extranjero, entonces lo dice muy formal, "págate a ti primero".

Sofía Macías, que es mexicana y que entiende muy bien la forma en la que funcionamos nosotros, ella lo llama **"quítamelo porque me lo gasto".**

Y es lo mismo. Lo importante es que, así como llega el dinero a tu cuenta, se transfiera a tu objetivo más importante, en este caso, a tu plan personal de retiro.

Que no te tengas que preocupar por ir a hacer fila al banco a depositar el dinero, que no te tengas que preocupar por recordar ese día que tienes que hacer una transferencia, que ya no haya ningún inconveniente...

Con eso ya de forma automática, mes a mes o año con año, como tú decidas, ese dinero que tú te comprometiste para ti misma llegue a tu objetivo más importante.

¿CUANTO QUIERES TENER GARANTIZADO PARA TI?

Mira, hay que responder 2 preguntas:

1. ¿Cuánto necesito tener garantizado para mí en mi etapa de retiro?

Y la segunda es:

2. ¿Cuánto deseo tener para mí en mi etapa de retiro?

Lo que quieres tener garantizado, eso es lo que hay que lograr a través de un plan personal de retiro.

Lo que tú deseas, lógralo a través de tu trabajo, a través de tus negocios o tus inversiones, a través de lo que quieras.

Te pongo un ejemplo:

Si lo mínimo que quieres es tener garantizado para ti, es casa, comida, sustento y un viaje al año... el dinero que necesitas para vivir como tú quieres vivir, con lo indispensable para ti, eso mételo en un plan personal de retiro. Y lo que tú deseas, por ejemplo, si deseas un auto convertible nuevo todos los años; si deseas tener dinero para viajar 5 veces al año, eso lógralo a través de los negocios, nada más considéralo por separado. El mínimo indispensable para ti: plan personal de retiro.

El nivel de ingresos deseado, a través de negocios. ¿Sí me explico?

Yo no quiero un PPR, yo voy a hacer negocios:

Si tú no quieres contratar un Plan Personal de Retiro, porque dices que tú vas a vivir de tus negocios, entonces te pregunto:

¿Dónde están tus negocios?

... Si todavía no los tienes porque apenas los vas a emprender, entonces te pregunto:

¿Cuánto dinero tienes ya en una cuenta de ahorros a tu nombre, destinado para arrancar el primer negocio?...

Si todavía no tienes nada de eso, entonces NO TE ENGAÑES.

Si no quieres contratar un Plan Personal de Retiro porque tú quieres utilizar otra estrategia, está bien. Lo que no está bien es que no hagas nada, con el pretexto de que tú vas a hacer otra cosa que tampoco estás haciendo. (Álbaro Aldrete)

Así como hasta hoy has comprado viajes a meses sin intereses, comienza a pagar tus verdaderas vacaciones largas, que pueden tener fecha de inicio, pero no sabemos cuándo acabarán...

Las puedes pagar a meses sin intereses o en abonos facilitos.(Álbaro Aldrete)

Si quieres saber cómo, contacta a tu agente de seguros y pregúntale cómo. Si no tienes un agente de seguros de confianza, contáctame.

Yo te ayudo con eso.

La decisión de iniciar ya es una de las decisiones más importantes de tu vida.

Y la puedes hacer por lo que tú quieras:

"Por amor propio, por miedo, o por independencia".

Tú eliges la que más conecta contigo, pero inicia ya.

CAPÍTULO 9
TU FORTUNA MMMUJER:

FORTUNA MMMUJER es un acróstico, que al mismo tiempo es una afirmación que tiene toda la intención de ayudarte a lograr lo que quieres ¡A huevo!

Así que léelo en voz alta, acompañando tu lectura con todas las gesticulaciones que puedas y con los movimientos de tus manos demostrando que tienes muchos ovarios. ¡Con carácter!

Determinada a lograr lo que aquí estás diciendo.

Este acróstico, significa lo siguiente:

Ésta es mi
Fórmula
Organizada para la
Riqueza
Total y
Única de
Nuestra
Alegría

Porque soy una
Mujer
Motivada
Moviendo
Una
Jugada
Económica
Responsable

Antes de pasar a los números, primero quiero quitar de tu mente algunas ideas limitantes que probablemente tienes. Y al mismo tiempo, entraremos en detalle acerca de por qué tiene ese nombre este capítulo:

Iniciamos diciendo **"Ésta es mi fórmula organizada"**

Las finanzas personales, por eso son "PERSONALES" porque es algo muy individual. Lo que a unos les gusta, a otros no. Pero lo más importante no es si les gusta, es si les funciona. Y lo que a algunos les funciona, a otros no.

Entonces, el propósito de esto es que tú construyas tu propia fórmula. Lo que sí te funcione a ti. Para eso **necesitas ser humilde,** para reconocer tus debilidades y tus tentaciones acerca del mal uso del dinero, y que ya sabes que, en ciertas cosas, seguirte manejando así no te conviene. **Necesitas ser astuta** para protegerte de tus propios vicios y lo suficientemente **atrevida** para poner en marcha las estrategias que necesitas, sin dejar pasar más tiempo.

Tu fórmula no tiene porqué parecerse a la de alguien más. Si coincide con la de alguien que aprecias, que bueno, pero si no, relájate. Si todos admiran tu manera de administrarte o si todos la critican, ten calma.

No eres más porque te aplaudan, ni menos porque te critiquen. Lo que eres ante los ojos de Dios, eso es lo que eres y nada más. (Tomás de Kempis).

Tu fórmula es para tu **"RIQUEZA TOTAL"** Ya sé, que muchas personas chocan con esto y no las culpo.

En el congreso internacional de las familias que se celebró en Guadalajara en marzo del 2024, me encontré con Taylor Barriger, pastor de la iglesia camino de vida en Lima, Perú y también inversionista.

Quienes me conocen bien, saben que yo soy católico, que he predicado muchas veces y que también tengo amigos que no son católicos y no nos vamos a pelear por eso; al contrario, nos enriquecemos cuando compartimos el evangelio y también cuando hemos orado juntos al mismo Dios.

Aquí te presento un breve resumen de las cosas que hablamos Taylor y yo y que me han dejado grandes aprendizajes:

Si tu plan financiero nada más te alcanza para vivir muy bien tú, entonces tienes un plan egoísta. Porque no contempla nada para ayudarle a alguien más. Eso no es lo correcto ni tampoco es lo que Dios quiere.

Muchos tienen un plan para alcanzar y llegar bien al final del mes. Pero eso es egoísmo.

Dios quiere bendecirte y darte abundancia (Crf. Jn 10, 10) para a través de ti, bendecir a alguien más. Para que, a través tuyo, "*así como lo hizo a través de Abraham*", que a través de ti otros sean bendecidos

No tengamos miedo a la riqueza, pero desprendámonos con todo para ayudar también a alguien más.

Dios no tiene problema con la riqueza.

El dinero no es la raíz de la maldad, *la raíz de la maldad es el amor al dinero.*

Las riquezas no son malas, lo malo sería aferrarte a tu riqueza, porque eso sería como aferrarte al agua que se va entre las manos y si te aferras a tu riqueza entonces tienes un ídolo y eso no va a darte una buena vida, te estarías haciendo mucho daño con eso.

Aferrarme al dinero me mata, me destruye. Dios no quiere eso para mí.

Aferrarme a Dios me da una vida plena y abundante.

¿Te acuerdas de "Santa Claus"?

La verdadera historia de "Santa Claus", es la vida de San Nicolás de Bari. *

San Nicolás de Bari tenía mucho "bari" (dinero). O sea, la misma persona que tenía un corazón lleno de Dios, también tenía una billetera llena de billetes, y eso le permitía regalar juguetes a los niños en navidad.

Si San Nicolás no hubiera tenido esa abundancia económica, no hubiera podido ser tan generoso con los demás. San Nicolás fue obispo, por eso su vestimenta roja. *Cuenta la leyenda que...* durante una persecución cristiana, él no quiso negar su fe, por eso lo metieron a la cárcel y permaneció preso mucho tiempo. Algunos dicen que por eso la barba blanca (porque cuando fue liberado ya era viejo) y por eso la barba larga (porque no se rasuraba estando en prisión). Que sea verdad o no, (tal vez él se la dejaba larga porque así le gustaba), eso yo no lo sé, pero ese no es el punto. Con este ejemplo, lo que quiero que veas es que para tener una generosidad tan valiosa como la suya, se necesita tener abundancia económica y que entiendas que **sí se puede ser abundante económicamente y tener un corazón lleno de Dios al mismo tiempo.**

Es más, lo necesitamos. **¡NOS URGE!** tener gente así en este país y en el mundo entero. Porque para cuidarte a ti misma, para cuidar a los que amas, para defender la verdad y la justicia <u>se necesitan billetes.</u>

No está bien querer resolverlo todo a base de pura oración. Por eso dijo Jesús: den al César lo que es del César y a Dios lo que corresponde a Dios. En la biblia encuentras eso dos veces. ¿Por qué dos veces? No lo sé, tal vez Dios, sabiendo que estamos medios mensos y somos muy distraídos, haya pensado: "Eso que quede por escrito dos veces, por si no lo vieron en un lado que lo vean en otro"

(Mt 22, 21 y Lc 20, 25).

San José María Escrivá de Balaguer dijo:

Es la vida ordinaria el verdadero lugar de vuestra existencia cristiana.

Hijos míos: Allí donde están vuestras aspiraciones, vuestro trabajo, vuestros amores, allí está el sitio de vuestro encuentro cotidiano con Cristo.

Es en medio de las cosas más materiales de la tierra, donde debemos santificarnos. Sirviendo a Dios y a todos los hombres.

Es lícito, por tanto, hablar de un materialismo cristiano, que se opone audazmente a los materialismos cerrados al espíritu.

*En la línea del horizonte hijos míos, parecen unirse el cielo y la tierra, pero no. Donde de verdad se juntan, es en vuestros corazones, cuando vivís santamente la vida ordinaria.***

Así que, ten una libertad responsable, sí se puede llegar a la santidad desde donde estás, aun siendo pobre. Pero si el Señor, a ti no te ha dado una vocación religiosa, desear la pobreza o conformarte con ella sería un desorden.

Si estás llamada al matrimonio y si eres mamá, ¿será que Dios te está llamando a vivir en la pobreza? No lo creo, pero tú pregúntaselo a él y decide si te conformas en seguir como estás o si perseveras.
Hay que darle a cada cosa, el valor que se merece, incluyendo el dinero. ¿Si no tienes suficiente, de dónde tendrías calidad de vida tú y los que amas? Además, para hacer un bien muy grande también necesitas dinero, porque si no tienes suficiente no puedes dar de comer al hambriento, ni de beber al sediento y será más difícil defender a los más vulnerables. Cómo por ejemplo en una causa social que a ti te interese mucho.

Un ejemplo más social que también implica a tu familia:

Si no tienes la abundancia económica para ayudar a quienes amas y para luchar contra las tonterías que a veces nos quieren imponer algunos políticos ¿cómo le vamos a hacer? ¿Le vamos a echar la culpa a Dios? ¿Adoptaremos un papel de víctima y diremos que la culpa es de los que se corrompieron y legislaron estupideces que nos hacen mucho daño? ...
Oiga, ¿y no será culpa también de los huevones que no quisieron ponerse las pilas y trabajar para tener abundancia y libertad financiera?

Porque necesitamos gente que tenga dinero y libertad de tiempo, o, en otras palabras, libertad financiera. Porque si no tiene dinero, ¿de dónde va a poder estudiar y capacitarse? Y si se capacita, pero no tiene libertad porque todo el tiempo está "apagando fuegos" atendiendo pendientes en todos lados... ¿a qué hora tendrá tiempo para defender a los que ama? ¿Cómo va a dedicarle tiempo de calidad a su familia?
¿No será culpa también del que, teniendo los recursos para hacerlo, no quiere estudiar, trabajar y crecer?
Porque crecer duele, crecer incomoda, crecer cuesta y a veces crecer da miedo; pero si te escondes en el miedo y no accionas, no vas a crecer nunca.
¿O en qué parte de la biblia has visto que diga que la pobreza material es buena para ti?
Por favor, no justifiques tu pobreza con Dios.

Aquí te pongo de nuevo, la frase que vimos en el capítulo uno y que te ayuda a quitar ese techo mental de pensar que el dinero es malo o que Dios no quiere que tengas abundancia, para que te la digas en voz alta con todas las gesticulaciones y los movimientos que te hagan profundizarla más:
Dios me ama, Dios quiere verme bien, quiere verme feliz. Con un corazón lleno de él y también con riqueza material. Esa riqueza me exige más virtud y ya estoy trabajando en mí para lograrla.

Tu situación actual no es tu destino final. Si haces lo correcto, lo mejor está por venir.

Sin miedo al éxito, mujer. Dios sí quiere que tú seas rica. Y te toca hacer todo lo que esté a tu alcance, sin perder la dignidad.

*https://www.aciprensa.com/noticias/53472/cada-6-de-diciembre-se-celebra-a-san-nicolas-patrono-de-los-ninos-y-ejemplo-de-generosidad

** Homilía completa en: https://www.youtube.com/watch?v=77nm6RGozeU&t=1301s

Siguiendo con el acróstico de la palabra FORTUNA, termina diciendo que esa fórmula es para la riqueza total y única de "nuestra alegría".

¿"Nuestra" de quienes? De ti y de los que amas.

"Alegría" Jesús es alegre, quiere que tú seas alegre y que tu alegría sea completa (cfr. Jn 15, z z).

Ahora vamos con la segunda parte del acróstico, la palabra **"MMMUJER"**

Mujer

Motivada

Sólo aclaro una cosa:

Será totalmente normal, que no siempre estés motivada, pues todos tenemos subidas y bajadas de ánimo y de motivación. No olvides que cuando te falte la motivación, debes continuar por tus ovarios, por tu carácter, por amor y por disciplina.

Así que, aunque alguna vez te falte motivación, **¡SIGUE ADELANTE!**

Moviendo

El agua que se estanca se pudre.
Debes mantenerte en movimiento, avanzando.
Replantea tu fórmula cada vez que necesites hacer algún ajuste.
Todo tiene ciclos. Quizás en un inicio tu fórmula te quede muy bien en el Excel o en el papel en que la pongas, pero ya en la práctica no te funciona. No te desesperes y no te desanimes. Cambia la fórmula, y no renuncies a tu sueño.

Por el contrario, quizás en un inicio tu fórmula sí te funciona bien. Si después deja de funcionarte, cambia la fórmula, y no renuncies a tu sueño.

Ahora la segunda parte del acróstico de la palabra "MMMUJER"

Una

Jugada

Económica

Responsable

Esa jugada que vas a armar con tu fórmula debe ser muy emocionante para ti. En todos los sentidos sé estratégica para que ganes lo que quieres ganar y quizás más importante, para que no pierdas lo que ya lograste. Que no pierdas lo que puedes perder si no haces buen uso de tu dinero.

El avance económico que llevas hasta hoy sea mucho o sea poco, merece que lo cuides.

¿Has escuchado eso de que "los bienes son para remediar los males"?

Pues no es cierto. Esa frase habla de la ignorancia financiera de quien la dice y promueve el analfabetismo financiero.

Sé que algunos la dicen con buena intención y a manera de consuelo, pero podríamos decir que esa es una de las frases que dirían los falsos guías como Timón y Pumba, ¿sí te acuerdas de esa analogía que hicimos en el capítulo uno?

Si no te acuerdas, regresa a la página **17** y vuelve a leerla.

¿Qué te parece mejor?

1. Malbaratar tus bienes porque quieres remediar un mal que sobrevino con urgencia. Ese mal, generalmente es un accidente o una enfermedad costosa, necesidad de una cirugía urgente y cara que de ello depende salvarte la vida a ti o a alguien que amas.

2. Tener una "jugada económica responsable" que te ayude a blindar lo que ya lograste, es decir, que por más males que sobrevengan como accidentes, enfermedades costosas o fallecimiento, no pierdas lo que ya lograste.

Si estoy hablando con la persona correcta, debiste elegir la opción número 2.

Con los instrumentos financieros correctos "seguros" cuando sobrevengan esos males, no tendrás que deshacerte de tus bienes, porque la cuenta no la pagarás tú, la pagará tu compañía aseguradora.

Entonces, en tu "fórmula" vas a utilizar el dinero como "GAI"

No te asustes. "GAI" también es un acróstico, que significa que lo que vas a hacer con tu dinero es:

Gastar

Ahorrar

Invertir

Lo correcto es hacer las tres cosas. Disfrutar en el presente y gastar en lo que te hace feliz, sin dejar por ello de ahorrar y de invertir.

Disfruta ahora mismo y pon atención en el corto y en el largo plazo.

Como dijo uno de mis mentores: con un ojo al microscopio y otro al telescopio.

No sobrevalores el corto plazo y no menosprecies o minimices la importancia del largo plazo. Porque en el largo plazo es dónde está el billete. Jim Rohn dijo: "en el mundo de las finanzas el tiempo es más valioso que el dinero". Y Warren Buffett dijo: "con la adecuada educación financiera, casi cualquier persona puede volverse millonaria". **¡MILLONARIA!** Pero hay un problema, pocas personas están dispuestas a volverse millonarias en el largo plazo. Casi todas lo quieren rápido.
Yo agregaría: ¡Y así no se pinches puede! Pero luego me regañan, por eso mejor no lo voy a agregar. Bueno, ya lo puse. "Inguesu".

Tengo dos explicaciones mexicanas para justificar lo que dijeron estos dos viejitos exitosos, porque como son extranjeros, tal vez por eso no tiene para ti mucho sentido lo que dijeron, pero aquí te van las dos traducciones al mexicano: la chistosa y la técnica.

1.- Imagínate que en tu casa hiciste "algo". Imagínate un "algo pequeño", y que cuando tu vecino se entera le agrega "más", y se la cuenta a la doñita de la tienda y ella también le agrega "más" y después les contaron a sus primos en una reunión familiar en la que había varios vecinos y le agregaron "más", y cada vez que pasa cierto tiempo le agregan y le agregan y le agregan.

En tu casa, sí, realmente si hiciste "algo pequeño" pero esa bola de chismosos se encargó de agregarle mucho más, aunque tú ya no hicieras nada.
Gente chismosa. 🙄

Ahora imagínate, ¿cómo sería que tu dinero crezca, así como crecen los "chismes"? Eso sí se puede. Y la mejor forma de hacerlo es a largo plazo. Necesitas esperarte a que los "chismosos", (las compañías en las que invertiste) le agreguen y le agreguen y le agreguen, aunque ya no le metas más dinero. Sólo tienes que hacer "algo pequeño" y cada año reinvertir lo que ganaste, y volver a reinvertir lo que ganaste, o sea "lo que ellos agregaron"...
Como decía mi papá: "a veces los metiches ayudan" jajaja

Financieramente, a eso de que tu dinero crezca como crecen los chismes se le llama "interés compuesto".

La traducción más fácil de recordar en mi rancho, para definir qué significa el interés compuesto es:

"Dejar que tu dinero crezca, así como crecen los chismes". Y eso no se puede hacer en el corto plazo, necesitas esperar a que año con año vuelvas a reinvertir las ganancias. Y así se puede formar un patrimonio millonario, aunque tú sólo hayas hecho "algo pequeño".

Un ejemplo real acerca de esto:

Una persona joven, que a sus 25 años desde su primer trabajo empieza a invertir 50 pesos al día. **50 PESOS AL DÍA,** ¿será imposible?

Si lo hace de manera constante, sistematizada, disciplinada durante 300 meses y después de los 300 meses ya no vuelve a aportar nada... en total invirtió $450,000 pesos MXN. Y después de ahí ya no aporta nada, sólo deja que "los chismosos" (me refiero a las empresas o su instrumento financiero) sigan reinvirtiendo y reinvirtiendo sus ganancias. Al llegar a la etapa de adulto mayor, puede tener un patrimonio de más de 8 Millones de pesos.

Formar ese patrimonio, de más de 8 millones de pesos, a ella ¿cuánto le costó? Sólo le costó 450 mil pesos. ¿Lo ves?

El tiempo es más valioso que el dinero.

Con la educación financiera adecuada, casi cualquier persona puede volverse millonaria.

¿Ahora sí, ya tiene más sentido para ti lo que dijeron estos dos viejitos millonarios?

¿Será una buena idea para ti, invertir así?

Entonces considera "invertir a largo plazo" dentro de tu jugada económica responsable.

Ahora, antes de empezar a hablar de tu fórmula y empezar a ponerle cantidades a tu archivo de Excel o a tu hoja, quiero aclarar que no es indispensable. Y que no quiero que te limites a lo que ganas actualmente; por eso, en el capítulo 3 escribiste qué puedes empezar a hacer ya para ganar más dinero.

Es más importante el enfoque de ganar más que el de disciplinarte con lo que ahora ganas.

Aclarado lo anterior, entremos en materia:

HAY DOS FORMAS DE LOGRAR TUS SUEÑOS:

1.- Sin hacer presupuesto.

Si tu personalidad no va con el presupuesto y puedes lograrlo así, dale. Tu fórmula no implica un presupuesto.

Hay un libro buenísimo que es una novela de aprendizajes financieros que te recomiendo mucho, ahí se habla de esto, el libro se llama "El factor Latte" de David Bach y John David Mann.

2.- Siguiendo un presupuesto.

Disciplinándote, llenando tu archivo, registrando tus ingresos y egresos y siguiendo un presupuesto. Si eso es lo que mejor funciona para ti, entonces tu fórmula implica un presupuesto.

A continuación, detalles importantes de cada una de estas opciones:

1.- Sin hacer presupuesto:

En mi opinión, esta alternativa es para quienes tienen excedentes de efectivo considerables. Por ejemplo, una persona que percibe ingresos de 100 mil pesos mensuales y sus gastos son de 50 mil... Pues tiene 50 mil pesos libres para hacer lo que quiera.

Esa persona, puede solamente domiciliar sus aportaciones a las cuentas especiales que eligió, en otros bancos o en instrumentos de ahorro y de inversión de diferentes compañías, cada una para el objetivo buscado, para lograr lo que quiere y así lo puede lograr.

Sin embargo, es realmente poca la gente que se encuentra en este estilo de vida, porque la mayoría aplica esa tontería de que **"mientras más ganas más gastas",** dicho sea de paso:

Eso no es una regla y no tiene por qué ser así contigo.

Cuando planeas ganar más, planea también en qué nivel se van a quedar tus gastos y el resto de tus ingresos destínalos para crear riqueza, es decir para hacer inversiones, negocios, etc. Para empezar a comprar tu libertad financiera.

2.- Haciendo presupuesto:

Cuando fui futbolista profesional, uno de mis entrenadores (Pilar Reyes) que era como tener un amigo más en el campo de entrenamiento decía cuando algo era bastante aburrido:

"Esto, y chupar un clavo es igual de divertido" jajaja

... Ya sé que elaborar un presupuesto quizás no te gusta, pero debes tener en cuenta que cuando ya intentaste vivir bien sin hacer presupuesto y no te encuentras satisfecha con tus resultados hasta hoy, entonces no hay que cambiar la meta, hay que cambiar la estrategia.

Es hora de hacer tu presupuesto personal, aunque no te guste. Porque, por ejemplo:

Imagínate que tu mejor amiga está enferma, sabes que no la está pasando bien y no se quiere tomar la medicina... ¿Qué le dirías?

No le dirías algo así como:

Mija, la medicina es a huevo! Y te la tomas, aunque no sepa rica... O te pongo unas cachetadas guajoloteras, porque yo quiero verte bien y esto es lo que necesitas.

Así es el presupuesto, a veces no nos gusta, pero lo necesitamos.

Aquí tienes una idea muy básica, acerca de cómo distribuir tu dinero en tu presupuesto. Por favor no te lo tomes como una regla general indispensable, o como una verdad absoluta. Recuerda que no existe la fórmula mágica que les funcione a todos. Hay muchas propuestas, ésta es sólo una de ellas; si te funciona aplícala, y si no, encontremos otra forma de lograr tus sueños:

IDEA DE PRESUPUESTO

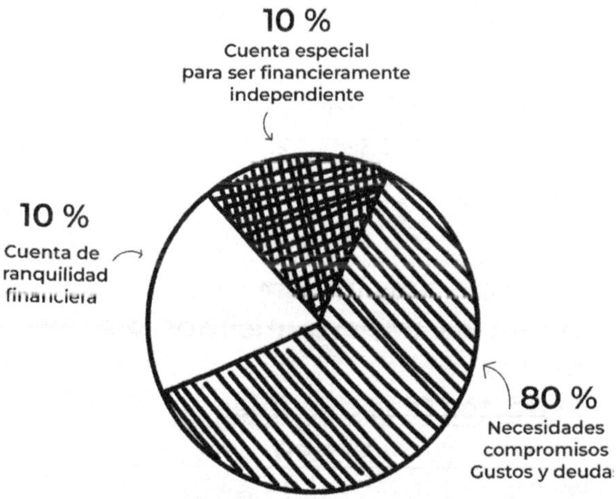

Envíame un correo a:

fortunaexcel@carloscoralfinanzas.com. En el asunto ponle "fortuna esperanza financiera". En el cuerpo del correo puedes escribirnos todo lo que quieras y te responderemos adjuntando el archivo de excel para que tú lo utilices, acompañado de un video para que sepas cómo.

Este archivo que vas a descargar es muy básico y totalmente editable. Adáptalo a lo que tú necesitas. Ponle el nombre del mes en el que estás iniciando, es importante que edites antes de que inicie o al principio del mes que estás proyectando y a final del mes lo confrontes con lo que realmente gastaste en ese mes para que conozcas la realidad. Ahí tiene mi foto, quítasela y ponle la foto del más importante de tus sueños, o tu foto, o la de tu familia, o un pinche costal de dinero, o lo que tú quieras, lo importante es que sea algo que sí conecta contigo. Incluso lo puedes hacer a mano con la estructura de un excel. Notarás que está dividido en 5 puntos muy claros y que encontrarás desglosados así:

1) Gastos fijos inamovibles:
2) Gastos importantísimos que no son gastos
3) Gastos fijos movibles
4) Ahorro/Inversión
5) Gastos no esenciales

1) Gastos fijos inamovibles:

Son los que tienes que pagar a ese precio, aunque no ganes dinero.

2) Gastos importantísimos que no son gastos:

Tus seguros. Es importantísimo contar con las pólizas de seguro que cubran todos los accidentes, enfermedades y fallecimientos imposibles de predecir.

Si percibes tus seguros como simples gastos, puedes caer en la trampa de cancelarlos para no gastar y vas a pensar que así te estás ahorrando una lana, pero eso es más falso que un billete de $300.

Más falso que una dieta de pizza y helado para bajar de peso.

Porque lo que estás haciendo no es ahorrar, lo que en realidad estás haciendo es poner en riesgo todo tu patrimonio, y si sobreviene un accidente, enfermedad o fallecimiento, vas a decir que los bienes son para remediar los males y te vas a quedar otra vez sin nada porque los vas a tener que vender, malbaratándolos, porque te urge dinero.

¿Te acuerdas de que en el capítulo dos hablamos de "deuda estúpida" y "deuda inteligente"?

Ah, pues de la misma manera, dejar de pagar tus seguros para "ahorrar", ese es también un "ahorro estúpido".

3) Gastos fijos movibles

Parece una incongruencia, ahora te lo explico:

Estos son gastos fijos porque siempre vas a utilizar dinero en ellos, pero en estos rubros sí puedes elegir entre lo más accesible y lo más costoso. Tú decides. Por ejemplo, el super o la despensa, siempre vas a destinar dinero para eso, pero sí puedes comprar los productos más económicos o las marcas de prestigio que suelen costar más. La estética, la barbería y el arreglo personal: siempre vas a destinar dinero para eso, pero no gastarás lo mismo si vas a un lugar en una colonia popular, que si vas a un servicio de 5 estrellas. Tú eliges.

4) Ahorro/Inversión

Aquí van tus inversiones, tu fondo de tranquilidad* y una cuenta especial en la que puedes acumular paso a paso, "peso a peso", hasta que logres la cantidad fuerte que necesitas para aprovechar una oportunidad o invertir en algo más grande sin que hayas descuidado por eso el sustento de tu familia y todas las demás cosas que ya pusimos y que también son muy importantes.

Aquí vas a poner el monto que vas a invertir en tu propio crecimiento personal y financiero. Ese es importantísimo: por favor sigue aprendiendo, sigue invirtiendo en ti toda tu vida. Tú eres más importante que tu trabajo, tú eres más importante que todos tus negocios. Mira, piénsalo, ojalá que nunca suceda, pero piénsalo; aunque sucedieran cosas muy desagradables y llegue el punto en que fracasen o te roben todos tus negocios y te vuelvas a quedar sin nada, hay algo que nadie te puede arrebatar: tu conocimiento, tu crecimiento personal, tus experiencias, tu fortaleza mental, que no se puede construir sin capacitarte todo el tiempo.

***Fondo de tranquilidad:** Algunos lo nombran "fondo para emergencias". Nómbralo como tú quieras, lo importante es que lo tengas. Te voy a decir por qué prefiero nombrarlo "fondo de tranquilidad": porque aquello en lo que te enfocas se expande, *eso se lo aprendí a uno de mis mentores.*

Si lo nombro "fondo para emergencias", el sólo hecho de pensar en una emergencia no me gusta, eso es algo que no quiero y es probable que por eso tengo un "bloqueo mental" y que, porque no me gusta pensar en eso, por eso no le meto dinero. Pero pensar en "tranquilidad" eso sí me gusta, eso sí quiero. Y con el sólo hecho de cambiarle el nombre, logro que sí conecte conmigo y entonces sí le meto dinero a eso.

Ese dinero es el que vas a utilizar para enfrentar cualquier imprevisto que la vida te presente. Aunque tengas seguro de gastos médicos mayores, de aquí va a salir para pagar el deducible y el coaseguro, de todo lo de más se hará cargo la aseguradora, ¿te acuerdas?

Tu fondo de tranquilidad debe contener por lo menos tres meses de lo que cuesta tu estilo de vida. ¿Por qué tres meses? Porque la estadística dice que si haces lo correcto, te tardas un máximo de tres meses en conseguirte un empleo igual o mejor que el que tienes ahora. *Esa es la misma razón por la cual se le paga tres meses de su sueldo a un trabajador que es despedido.*

Pero si tú no tienes un empleo, si tú trabajas por tu cuenta, con mayor razón empieza a construir ese fondo peso a peso desde hoy, porque a los emprendedores no nos van a dar nada el día en que las cosas salgan mal en el negocio y si eso sucede sí te mereces tranquilidad. Constrúyela desde hoy.

El dinero que pongas en ese fondo debe ser exclusivamente para eso: "DARTE TRANQUILIDAD", no va a ser para aprovechar una oferta o viajar, o cualquier cosa que no sea darte tranquilidad. Sé leal a ti misma; cuando lo necesites, te vas a agradecer infinitamente haber tomado esa decisión por ti y por los que amas desde el día de hoy que estas leyendo esta página de "Esperanza Financiera".

5) Gastos no esenciales

Aquí van las cosas que no son indispensables, porque en el estricto sentido de la palabra, no te vas a morir si no las haces, pero hazlas. Tus vacaciones, tus diversiones, hazlas. Date el gusto y disfrútalo.

Aquí van también los donativos.

Aprendí de Valeria Arellano que sí, los donativos también los presupuestamos y no porque seamos tacaños, sino porque necesitamos ser responsables, especialmente si ya tenemos pequeños en casa. No podemos estar ayudando a alguien más si descuidamos a los nuestros, que son nuestra principal misión. Por eso también hay que presupuestarlo.

Conclusión Final:

No sé qué tan bien has manejado tu dinero hasta hoy, pero sí sé que siempre se puede mejorar.

Si hasta hoy has cometido muchas equivocaciones financieras, te entiendo.

La verdad es que yo también he cometido errores garrafales.

Somos muy humanos y hermosamente imperfectos.

Yo también lucho conmigo mismo para vencer mis malos hábitos, mis vicios.

Todavía no estoy como quiero estar. Pero en el proceso estoy.

Te felicito porque has leído este libro hasta el final.

Gracias por dejarme ser parte de tu crecimiento.

Sigamos creciendo juntos.

Espero tus comentarios.

Amistosamente:

Coral.

Carlos Coral.

INVÍTANOS A TU CIUDAD.

Contrataciones de conferencias, talleres, asesorías y capacitaciones en:
www.carloscoralfinanzas.com

-

ALGUNAS DE NUESTRAS CONFERENCIAS:

1) ¿Cómo ser financieramente inteligente si no soy financiero?

-

2) AMOR Y DINERO
(Conferencia de finanzas en pareja acompañada de escenas de teatro)

-

3) Inteligencia financiera para mujeres extraordinarias como tú.

-

4) Inteligencia financiera para profesionistas independientes.

ALGUNOS DE NUESTROS TALLERES:

1) Vida Feliz (Finanzas personales y familiares)
2) Finanzas inteligentes para tu negocio
3) Diversifícate (Inversiones)

Sígueme en redes sociales
@Carlos Coral Finanzas

Coral.

Carlos Coral nació en Guadalajara Jalisco, creció como él mismo lo dice, en una familia tradicional, hermosamente imperfecta. Su experiencia de vida como futbolista profesional, como vendedor y como empresario, le han dado aprendizajes que hoy nos enriquecen al escucharlo y leerlo.

Es una persona con éxitos y fracasos.

Actualmente, es un conferencista que aporta, apoya e impacta siempre a su público por su intensidad, la energía y la originalidad con que comparte sus mensajes para llevar a su público a un crecimiento personal y financiero.

Pertenece a la Federación Mexicana de Entrenadores Transformacionales (FMET), es coach certificado en Inteligencia Financiera, tallerista, asesor en seguros, inversionista, actor de teatro, emprendedor y escritor.

Es invitado frecuente a programas de radio y televisión, por la forma en que transmite conocimientos financieros de una forma clara y divertida, de tal manera que cualquier persona lo pueda comprender.

Además de todo eso, él mismo dice que también está medio loco, orate, avionado y demente. Por eso dice, que lo más valioso que tiene para dar, es el ser humano que lleva dentro.

Made in the USA
Monee, IL
04 November 2026

67383409R00085